全景百科·学生版

令孩子着迷的 100 个人工奇观

田战省 主编

陕西新华出版传媒集团
陕西科学技术出版社
——— 西安 ———

比陆地宽阔的是大海；
比大海宽阔的是天空；
比天空更为浩瀚的是
无穷的知识；
来吧！让我们一起去
畅游知识的海洋。
　　——改自维克多·雨果

前言 Foreword

在浩瀚的宇宙中,地球只是一颗普通的行星,亿万年的沧海桑田演绎了大自然的神奇和伟大。相对于这漫长的地质历史时期来说,人类文明的出现只是短暂的一瞬,然而,无数辉煌璀璨的人工奇观却在这个"瞬间"诞生了。

从高耸入云的巴黎埃菲尔铁塔到光彩夺目的悉尼歌剧院,从绵延万里的中国长城到雄伟壮观的埃及金字塔……人类以无与伦比的智慧和想象力创造出一个个永垂不朽的传奇。如今,它们有的已经成为散落在荒草间的片片瓦砾、残败的雕像、晦暗光线中的斑驳壁画,有的却以其钢筋铁骨之身屹立在繁华的都市街头,而有的则漂浮在茫茫的宇宙中不断地向人类传达着讯息,所有的人工奇观无不给予我们深刻的启迪。

本书精选了地球上最具魅力的100处人工奇观,展现了各地区各时代人类非凡的智慧和创造力,内容包括文明奇迹、宗教圣堂、浩荡工程、皇家宫殿、传奇古堡、都市风标和科技硕果7大部分,并配以大量精美的图片,使读者能够真正地感受到人类历史的壮阔辉煌与生生不息。

书虫俱乐部

目录 Contents

文明奇迹

- 10 丛林中的奇迹——吴哥窟
- 12 石块上的史诗——婆罗浮屠
- 14 史前文明遗迹——巨石阵
- 16 希腊明珠——雅典卫城
- 18 七大奇迹之一——宙斯神像
- 20 充满血腥的遗迹——古罗马竞技场
- 22 天然的历史博物馆——庞贝古城
- 24 建筑史的"绝笔"——比萨斜塔
- 26 众神之庙——罗马万神庙
- 28 太阳升起的地方——卡纳克神庙
- 30 最伟大的世界奇迹——阿布·辛拜勒神庙
- 32 美国的印第安之魂——悬崖宫
- 34 众神之城——特奥蒂瓦坎
- 36 失落的玛雅文化——奇琴伊察
- 38 神秘之岛——复活节岛
- 40 失落的印加城市——马丘·比丘古城

宗教圣堂

- 44 佛教艺术宝库——莫高窟
- 46 世界屋脊上的明珠——布达拉宫
- 48 天下巨观——悬空寺
- 50 日本人的心灵故乡——金阁寺
- 52 日本最古老的寺院——法隆寺
- 54 海上华丽的地标——严岛神社
- 55 三教同山的石庙——埃洛拉石窟庙宇

- 56 佛塔之国的明珠——仰光大金塔
- 58 两个宗教的圣殿——圣索菲亚大教堂
- 60 石头组成的交响乐——巴黎圣母院
- 62 哥特式建筑的巅峰之作——亚眠大教堂
- 64 石砌的《圣经》——沙特尔大教堂
- 66 海上金字塔——圣米歇尔山修道院
- 68 大师的密码——朗香教堂
- 70 最完美的教堂——科隆大教堂
- 72 米兰的象征——米兰大教堂
- 74 文艺复兴之花——佛罗伦萨大教堂
- 76 石头的神话——圣瓦西里大教堂
- 78 世界上最大的教堂——圣彼得大教堂
- 80 独一无二的绝美建筑——蓝色清真寺
- 82 巴塞罗那的丰碑——神圣家族教堂
- 84 挪威人的骄傲——乌尔内斯木教堂
- 86 民族独立的象征——耶稣山
- 88 非洲的奇迹——拉利贝拉石凿教堂

浩荡工程

- 92 东方巨龙——长城
- 94 伟大的水利工程——都江堰
- 96 第一个皇帝陵园——秦始皇陵
- 98 气势磅礴的陵寝建筑群——明十三陵
- 100 完美的艺术珍品——泰姬陵
- 102 第一个花园式陵墓——胡马雍陵
- 104 雄心勃勃的防线——哈德良长城
- 106 古罗马建筑的杰作——加尔桥
- 108 希腊的"黄金水道"——科林斯运河
- 110 荷兰精神的象征——东斯海尔德大坝

112　古埃及文明的杰作——埃及金字塔
114　东方伟大的航道——苏伊士运河
116　旧金山的标志——金门大桥
118　美国的重要标志——拉什莫尔总统山
120　世界水桥——巴拿马运河

皇家宫殿

124　万园之园——圆明园
126　最大的宫殿——故宫
128　皇家山水园林的经典——颐和园
130　俄罗斯的政治中心——克里姆林宫
132　俄罗斯的骄傲——冬宫
134　亮丽的女王宫——叶卡捷琳娜宫
136　驰名世界的皇宫——白金汉宫
138　民主政治的象征——威斯敏斯特宫
140　王权的完全象征——凡尔赛宫
142　森林中的宫殿——枫丹白露宫
144　艺术的殿堂——卢浮宫
146　维也纳的皇冠明珠——美泉宫
148　伊斯兰艺术之花——阿尔汉布拉宫

传奇古堡

152　日本第一名城——姬路城堡
154　爱情的宫殿——拉合尔古堡
156　苏格兰的精神象征——爱丁堡城堡
158　王室爱情的见证——温莎堡
160　英国王权的象征——伦敦塔
162　文艺复兴时期的旷世杰作——尚博尔城堡
164　马赛的门户——伊夫堡
166　美丽的童话城堡——新天鹅堡

168　美国的摇篮——威廉斯堡

都市风标

172　英雄的丰碑——人民英雄纪念碑
174　最高的双子楼——马来西亚双子塔
176　奢华的天堂——迪拜帆船酒店
178　近代功能主义建筑的先驱——伦敦水晶宫
180　巴黎的灵魂——埃菲尔铁塔
182　法兰西历史的丰碑——巴黎凯旋门
184　法兰西的瑰宝——蓬皮杜艺术中心
186　历史的坐标——德国国会大厦
188　地下的艺术殿堂——莫斯科地铁
190　自由和民主的象征——纽约自由女神像
192　最大的火车站——纽约中央火车站
194　美国第一高楼——芝加哥西尔斯大厦
196　美国国防部的代称——五角大楼
198　山林中的建筑经典——赖特流水别墅
200　纽约永久的标志——帝国大厦
202　巧夺天工的艺术殿堂——悉尼歌剧院

科技硕果

206　20世纪伟大的工程——英吉利海峡隧道
208　跨越时空的建筑——原子球博物馆
210　重现"宇宙大爆炸"——大型强子对撞机
211　纽约街头的"怪兽"——纽约古根海姆博物馆
212　举世闻名的"世界工程"——伊泰普水电站
214　探索宇宙的功臣——"哈勃"太空望远镜
216　人类航天史上的丰碑——"和平"号空间站

令孩子着迷的 100 个人工奇观

令孩子着迷的100个人工奇观

文明奇迹

　　历史不仅仅是靠文字来记载的,一块石头、一根圆柱、一尊残破的雕像、一幅绘画,都是历史的陈述者。走过五大洲的每个角落,吴哥窟、雅典卫城、古罗马竞技场、卡纳克神庙、奇琴伊察、马丘·比丘……无数辉煌璀璨的文明奇迹在闪耀着夺人心魄的光芒。

丛林中的奇迹——吴哥窟

吴哥窟以建筑宏伟与浮雕细致闻名于世,它也是世界上最大的庙宇。19世纪时,在探险家的努力下,经过岁月洗礼的吴哥古迹,才一一出土,并在世界文物史上倍受各方的瞩目。如今,吴哥窟的造型,已经成为柬埔寨国家的标志,展现在柬埔寨的国旗上。

宗教中心

吴哥窟位于柬埔寨暹粒市北约6千米,占地约2.08平方千米,是世界上最大的宗教建筑物,与其他世界奇观如泰姬陵或金字塔等齐名。不同的是它并非陵墓,而是一个提供心灵慰藉的宗教中心。

● 吴哥窟是吴哥古迹中保存得最完好的庙宇,它是一座静默在藤蔓缠绕的树丛中的都城。

● 原本被茂密丛林所掩埋的吴哥窟,如今已经被世人重新发掘。古迹内那众多的雕塑历经岁月的洗礼,虽然已经面目不清,但仍旧散发着古典之美的韵味。

历史背景

12世纪时,吴哥王朝国王苏耶跋摩二世希望在平地兴建一座规模宏伟的石窟寺庙,作为吴哥王朝的国都和国寺。因此举全国之力,并花了大约35年建造了吴哥窟。

整体布局

从空中俯瞰吴哥窟:一道长方形护城河围绕一个长方形的满是郁郁葱葱树木的绿洲,绿洲有一道围墙环绕。绿洲正中的建筑是吴哥窟寺的印度教式的须弥山金字塔。在金字塔式的寺庙的最高层,矗立着五座宝塔。

浮雕艺术

吴哥窟的浮雕极为精致且富有真实感。在回廊的内壁及廊柱、石墙、基石、窗楣、栏杆之上,都有浮雕。这些浮雕手法娴熟,场面复杂,人物姿态生动,形象逼真,且采用重叠的层次来显示深远的空间,堪称世界艺术史中的杰作。

吴哥窟的浮雕被认为是世界艺术宝库中的精品,其主要内容是有关印度教湿婆神的传说。

note 知识小笔记

位　置:亚洲
国　家:柬埔寨
特　色:规模宏大,布局错综复杂

如今,享誉世界的吴哥窟的身影出现在很多纪录片以及电影里,其中就包括大家熟知的《古墓丽影》和《花样年华》。

建筑特点

台基、回廊、蹬道、宝塔构成吴哥寺错综复杂的建筑群。全部建筑用砂石砌成,石块之间无灰浆或其他粘合剂,靠石块表面形状的规整以及本身的重量彼此结合在一起。

石块上的史诗——婆罗浮屠

婆罗浮屠是南半球最大最古老的文明遗迹,它与中国的长城、印度的泰姬陵和柬埔寨的吴哥古迹一起,被世人誉为世界东方四大文明奇迹。然而,婆罗浮屠却被无情的火山灰覆盖了长达800年之久,直到18世纪被英国的探险家发现才重见天日。

地理位置

婆罗浮屠,梵文意为"山丘上的佛塔",它位于印度尼西亚爪哇岛中部默拉皮火山山麓一个呈矩形的小山丘上,占地1.23万平方米。

婆罗浮屠最高平台上有72个钟形小塔,每个塔内都有一尊佛像,这些佛像面部表情各异,工艺精妙。

关于婆罗浮屠有不少传说,其中的一个是说婆罗浮屠的佛像可以避邪,于是便引来不少游客顶礼膜拜,祈求平安和幸福。

巨石砌成的佛塔

婆罗浮屠相传建于公元8世纪后期至9世纪的夏连特拉王朝时期。当时几十万农民和奴隶被迫在这片山林里用15年的时间,将附近河流中的200万块、每块约重1吨的安山岩石和玄武岩搬进山里,砌成了这座长123米,宽113米,高42米的佛塔。

令孩子着迷的100个人工奇观

🏯 巨大的坛场

整个建筑犹如一个巨大的坛场，共9层，有4层回廊式的方龛，主佛塔周围72座小塔矗立，如星辰环绕。每个小塔内都供奉着一尊成人大小的佛像，形态各异。从高层走下，每层都有佛像，总共有大小佛像505尊。

🏯 精美的浮雕

▶夜色中的婆罗浮屠

在下层的方形回廊壁上有2 500幅浮雕，取材于大乘经典上的宗教故事，还有当时人民生活的习俗、人物、花草、鸟兽和热带水果等雕塑，都栩栩如生，玲珑剔透。这些浮雕连起来有4千米，被称为"石块上的史诗"。

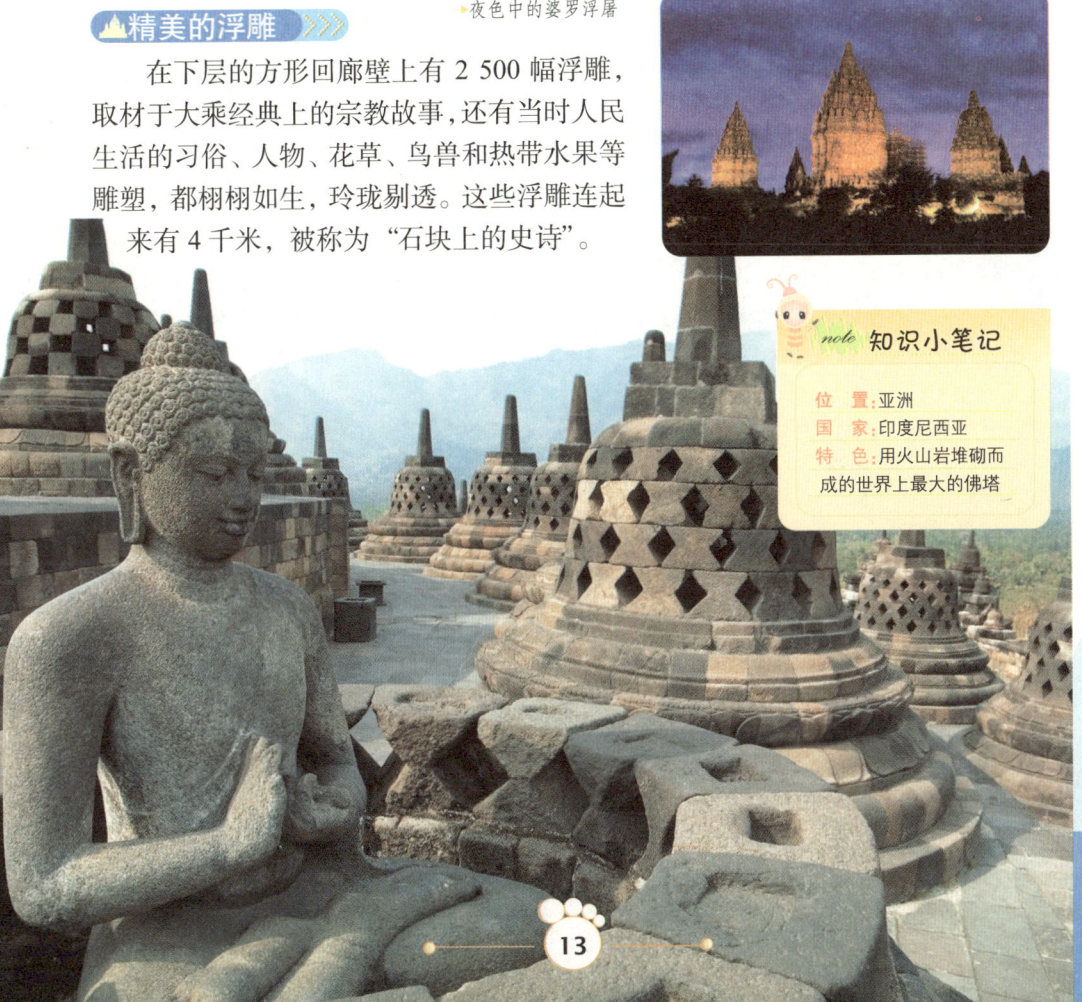

📝 知识小笔记

位　置：亚洲
国　家：印度尼西亚
特　色：用火山岩堆砌而成的世界上最大的佛塔

史前文明遗迹——巨石阵

在古埃及人用巨大的石块大规模兴建金字塔之前大约400年，另一群人早已在英格兰南部索尔兹伯里附近的平原上用同样巨大的石块建起了一座巨大而神秘的建筑，那就是著名的史前文明遗迹——英国巨石阵。

石阵结构

这些巨石高5~10米，重量为25~30吨，直立的石块上边还架着巨石的横梁，形成一个十分壮观的圆形大栅栏，还竖着5座形如门框的三石塔，其中最高的一块重达60吨。

知识小笔记

- **位置** 欧洲
- **国家** 英国
- **特色** 不仅在建筑学史上具有重要的地位，在天文学上也同样有着重大的意义

分阶段完工

考古学家们一致认为，巨石阵是分为三个阶段完成的，前后长达1 500年。第一阶段大约在公元前3100~前3000年，第二阶段为公元前3000~前2600年，其后的1 000年间为巨石阵建造的第三阶段。

空白的历史书卷

现在,已经找不到任何关于巨石阵的古代文字记载,它究竟是一个举行宗教仪式和葬礼的中心,还是一个预测重要天文现象的观象台,又或者是外星人的杰作?几百年来,不断有学者对巨石阵的来源做出阐释,得出的结论却各异。

许多人更愿意相信,巨石阵是远古祖先有意留给后人的一个巨大谜题。

精密的天文台

每当日落时分,在岩石和周围的地面上都会产生出一些不同寻常的影子,组成各个同心圆的拱门全部都朝向太阳或星座。因此有人认为巨石阵最初很有可能是一个精密的天文观象台。

未解之谜

由于巨石阵是在1 500年的时间里不连续完成的建筑,所以,最后的建造者们对于这一建筑的真正目的也已经模糊。因此,巨石阵从一个用于天文观测的场所逐渐演变成了一个纪念物或者祭祀地,甚至行刑的地方。或许,巨石阵还是一个具有综合意义的场所。

希腊明珠——雅典卫城

文明、神话、宗教在希腊兴盛了1 000多年。雅典卫城包含4个古希腊艺术最大的杰作——帕特农神庙、通廊、厄瑞克修姆庙和雅典娜胜利神庙。无论走到雅典市的任何地方,时常能在不经意间看到卫城的倩影,卫城是雅典以及全希腊的一颗明珠。

国家的象征

雅典卫城距今已有3 000年的历史,它坐落在雅典城中央一个海拔150米的孤立的山冈上。卫城,原意是奴隶主统治者的圣地,古代在此建有神庙,同时又是城市防卫要塞。自波希战争后,卫城更被视为国家的象征。

帕特农神庙

帕特农神庙,在公元前432年建成。神庙长70米、宽31米,被48根多利安式列柱所环绕,每根柱子高10米,直径2米,总面积达2 148平方米,大约是巴黎圣母院的1/3,但较之早了1 782年。

知识小笔记

位　置:欧洲
国　家:希腊
特　色:建造在海拔150多米高的石灰岩山岗上

作为古希腊建筑的的代表作,雅典卫城达到了古希腊圣地建筑群、庙宇、柱式和雕刻的最高水平。

女神雕像

帕特农神庙中本来有一尊大雅典娜巨像，据记载，雅典娜女神雕像高12米，由象牙和金子制成，矗立在光线昏暗的神庙中，金光烁烁。但后来在被运到君士坦丁堡后即下落不明。

胜利女神庙

胜利女神庙建于公元前449～前421年，檐壁上的浮雕和女儿墙外侧的浮雕题材都取自反波斯侵略战争的场面。胜利女神庙是波希战争后第一个着手设计的建筑物，它的命意、选址、构图、装饰都是为了庆祝卫国战争胜利的主题。

雅典娜神庙

卫城博物馆

卫城博物馆里保存着自1834年卫城各神庙出土的所有文物，其中绝大多数为石雕作品。这个博物馆对研究古希腊雕刻艺术提供了可贵的资料。

七大奇迹之一——宙斯神像

宙斯是希腊众神之神，为表崇拜而兴建的宙斯神像是当时世上最大的室内雕像，是古代七大奇迹之一。宙斯神像所在的宙斯神殿则是奥林匹克运动会的发源地，部分奥运项目就曾经在此举行。

第三代神王

宙斯是古希腊神谱系中的第三代神王，他是全能之神，能明察、洞悉世间任何事物和事情，不管是人间还是在神山上，他都是神喻之源，他决定着神灵和人的命运。

▲ 宙斯是古希腊神话中最高的神，他和他的兄弟波塞冬和哈底斯分管天界、海界、冥界。上图为一幅关于菲狄亚斯当年建造宙斯神像时的想象图。

▲ 宙斯神殿

宙斯神殿

宙斯神殿位于雅典卫城东南面，它建于公元前470年，公元前456年完工，由建筑师伊利斯人李班设计。神殿是以表面铺上灰泥的石灰岩建成，殿顶则使用大理石兴建而成，神殿共由34条高约17米的科林斯式支柱支撑着，属于多利斯式的建筑。

黄金制成的神像

宙斯神像高约 13 米，整座神像及他所穿的长袍都是由黄金制成，他头戴橄榄编织的环，右手握着由象牙及黄金制成的胜利女神像，左手拿着一把镶有闪烁耀眼金属的权杖，上面有一只鹰停留着，而他所坐的宝座则以狮身人面像、胜利女神及神话人物所装饰。

宙斯像，罗马复制品（收藏于俄罗斯埃尔米塔日博物馆）

菲狄亚斯

出自名家之手

宙斯雕像出自古希腊最杰出的雕塑家菲狄亚斯之手。他完成雅典娜神像之后，就着手制作宙斯神像，他根据多数人的意见，前后花了 8 年的时间才大功告成。

知识小笔记

位　置：欧洲
国　家：希腊
特　色：世界上最大的室内雕像

命运多舛

奥林匹亚的神殿于公元 5 年被大火摧毁，虽然宙斯神像因被运到君士坦丁堡而幸免于难，可最终也难逃厄运，于公元 462 年被大火烧毁。

充满血腥的遗迹——古罗马竞技场

古罗马竞技场在建筑史上堪称典范的杰作和奇迹,以庞大、雄伟、壮观著称于世。虽然历经2 000多年的风霜,今天的古罗马竞技场已经变得残缺不全,但不难从遗迹中体会到当年古罗马帝国那辉煌一时的文明。而今,这个巨型遗迹已成为罗马市的标志。

不断的修缮

公元72年,维斯巴西安皇帝为庆祝征服耶路撒冷的胜利,强迫8万名犹太俘虏修建,公元80年落成,工程历时8年。公元3世纪和5世纪重新修缮。文艺复兴后又经过多次修整,才使这座古老而雄伟的建筑得以保留至今。

▲ 竞技场内部远观图

建筑结构

从外观上看,古罗马竞技场呈正圆形;而俯瞰时,却是椭圆形的。它占地面积约2.4万平方米,长直径为189米,短直径为156米,椭圆周长527米,可以容纳近9万人数的观众。

阶梯式的看台

竞技场的看台逐层向后退，形成阶梯式坡度。每层的 80 个拱形成了 80 个开口，最上面两层则有 80 个窗洞，观众们入场后可以很顺利地找到自己的位子。这种入场的设计，即使是今天的大型体育场也依然在沿用。

五个分区

看台约有 60 排，分为五个区，最下面前排是贵宾（如元老、长官、祭司等）区；第二层供贵族使用；第三区是给富人使用的；第四区由普通公民使用，最后一区则是给底层妇女、奴隶和贫民使用，全部是站席。

角斗士们平时受到严格的打斗训练，一旦出现在角斗场上，就要尽全力拼杀，直到将对手置于死地或重伤无法再战。这时，观众就会以大拇指上、下的不同指向，来决定斗败的角斗士是生还是死。

知识小笔记

位　置：欧洲
国　家：意大利
特　色：气势磅礴，雄伟壮观

角斗士

角斗是古罗马竞技场里的主要节目。当时对角斗表演的需求非常大，于是出现了一个完整的行业，对角斗士进行培训，以便源源不断地供应角斗士，大多数角斗士来自奴隶和俘虏。

令孩子着迷的100个人工奇观

天然的历史博物馆——庞贝古城

公元79年,在风景如画的意大利西南海岸的那不勒斯湾附近,著名的维苏威火山开始了历史上最著名的一次喷发,灼热的火山岩浆毁灭了山脚下的庞贝古城,直到18世纪中叶,考古学家才把古城从数米厚的火山灰中挖掘出来。

古城的"复活"

16世纪末,有位建筑师偶然在田间发掘了一条地下通道,竟挖到一座圆形剧场的遗址。1748年,当地农民在修渠时,又发现了许多碑碣、石像,此后,经过200年坚持不懈的挖掘,一座在地下沉睡了近2000年的古城"复活"了,这就是庞贝城。

▲ 俄罗斯著名画家布留洛夫于1827年随建筑考古队赴庞贝遗址考察,当他站在这自然的废墟上,脑海中不时浮现出庞贝城被毁灭的画面,于是根据自己的想象绘制出了这幅名画《庞贝的末日》。

古城的历史

早在公元前7世纪,庞贝已经是一座人口稠密、商旅云集的小城。强大的罗马帝国将庞贝划入自己的版图后,这里开始成为一座繁华的城市,贸易往来繁多,经济发达,是当时罗马帝国经济、政治、宗教的中心之一。

▲ 原本富丽堂皇的建筑,如今只剩下残垣断壁。

令孩子着迷的100个人工奇观

🏛 先进的布局 >>>

庞贝城占地约1.8平方千米，四周是坚固的石砌城墙，设有8座高大的城门。城里纵横两条笔直、平坦的大街，呈井字形，把全城分成9个街区。街道每个十字路口都有饰有精致雕像的石头水池，里面储存着甘甜的泉水。

🏛 瞬间的灾难 >>>

当灾难瞬间降临在庞贝城后，许多人在睡梦中死去，也有人在家门口死去，他们高举手臂张大口喘着气；不少人家面包仍在烤炉上，狗还拴在门边的链子上；奴隶们还带着绳索；图书馆架上摆放着草纸做成的书卷，墙上还贴着选举标语……

✳ 考古学家在发掘庞贝古城时，发现了许多遇难者的遗体，他们有一部分竟奇迹般地"复活"了。原来，他们的身体被火山熔岩包裹，肉体虽然腐烂，但在凝固的熔岩中却留下人体的形状。考古学家把石膏液灌进空腔中，等石膏液凝固后，再剥去外面的熔岩，就得到了遇难者临终前的石膏像。

📝 知识小笔记

位 置：欧洲
国 家：意大利
特 色：保留了大量古罗马帝国的建筑遗迹和艺术文物

建筑史的"绝笔"——比萨斜塔

No.008

比萨斜塔是举世闻名的胜景和历史性建筑,是比萨人的骄傲,也是意大利的象征之一。比萨斜塔的名气并不是由于建筑艺术上的高超与辉煌,而是因为它的"歪斜"成了世界建筑史上的"绝笔"。

地理位置

比萨斜塔位于意大利西部的比萨城,是比萨大教堂广场的一部分。比萨大教堂广场由斜塔、主教堂、洗礼堂和墓地组成。这些建筑对公元 11~14 世纪的意大利纪念艺术产生了极大影响。

➤ 比萨斜塔和比萨大教堂是意大利中世纪最重要的建筑群之一,也是比萨城的标志性建筑。

note 知识小笔记

位　置:欧洲
国　家:意大利
特　色:大胆的圆形设计向世人展示了其独创性

🏛 塔的结构

比萨斜塔高 56 米,共 8 层,大理石砌筑,塔顶钟楼有 7 个钟,每个钟发出的声音不同。600 多年来,比萨斜塔继续倾斜,如今已偏离近 5 米。这座倾斜而不倒的斜塔作为中世纪建筑的杰作和世界建筑史上的奇迹,受到旅游者青睐。

▶ 经过 12 年维修后,2001 年 12 月 15 日起,比萨斜塔再次向游人开放。

▲ 1590 年,伽利略在比萨斜塔上做了"两个球同时落地"的著名实验。

🏛 伽利略的实验

著名科学家伽利略更使比萨斜塔和比萨城名声远扬,他在比萨斜塔上做落体实验的故事流传了几百年。他的实验开创了实验物理的新时代,伽利略也因此被人们称为"近代科学之父"。

🏛 建造历史

比萨斜塔始建于 12 世纪,据说,在第 3 层完工时,可明显看出倾斜,曾一度停工。负责建筑的工程师几易其人、经过了一代又一代,时建时停,不断采取防斜措施。直到 14 世纪,历时约两百年才建成,当时塔顶中心点偏离正常中心达 2.1 米。

众神之庙——罗马万神庙

坐落在意大利首都罗马市的万神庙是古罗马建筑史上的奇迹，它那宏伟的气势、复杂的建筑结构和完善的使用功能，展示了古罗马人对艺术的最高追求，是古罗马精神在建筑上的反映。万神庙不仅显示了完好的建筑结构，更反映了古罗马对神庙建筑的探索精神。

建造历史

公元前27年，罗马总督为了纪念战争的胜利，下令在罗马城内建造了一座庙宇。他将这座庙献给古罗马所有的神，因而叫做万神庙。公元80年，这座神庙在罗马城大火中被毁。直到另一位伟大的君主哈德良继位，他才又下令重新修建了万神庙。

▲ 万神庙模型

唯一的采光孔被看作是"天眼"，意味着太阳。

宏伟的穹顶

万神庙的结构简洁明了，主体呈圆形，顶部覆盖着一个直径达43.3米的穹顶，是自建成后到1436年间最大的穹顶。穹顶的最高点也是43.3米，顶部有一个直径8.9米的圆形大洞，这个洞是万神庙唯一的采光孔。

🏛 石柱廊

万神庙圆形主体的前方有一个宽 34 米、深 15.5 米的柱廊,共有 16 根柱子,每根都是用整块的花岗石制成,柱子高达 12.5 米,底部基座的直径有 1.43 米。

罗马万神庙历经了岁月的变迁,被人们称为建筑的奇迹。米开朗基罗曾对它大加赞叹:"一座圣洁的建筑,绝非人力可为。"

万神庙金碧辉煌的内部

🏛 永久的安息之地

万神庙从文艺复兴开始,就成为伟大人物的安息之地,众多伟人把这里当作自己永久的长眠地:意大利历代国王,各个时代伟大的艺术家都长眠于此。在长长的名单中,可以见到意大利的开国君主,还有文艺复兴三杰之一的拉斐尔的名字。

🏛 建筑史上的影响

万神庙是古罗马建筑艺术的结晶,对西方的建筑史发展也有举足轻重的影响,比较明显受其影响的就有法国巴黎的先贤祠、美国弗吉尼亚大学的圆形大厅、哥伦比亚大学的图书馆和澳大利亚墨尔本的维多利亚州立图书馆。

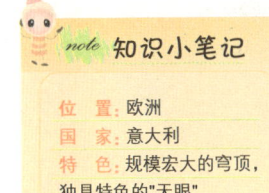

note 知识小笔记

位置:欧洲
国家:意大利
特色:规模宏大的穹顶,独具特色的"天眼"

令孩子着迷的100个人工奇观

太阳升起的地方——卡纳克神庙

No.010

卡纳克神庙因为其浩大的规模而扬名世界，它是地球上最大的用柱子支撑的寺庙。世上有许多景点是用来观赏的，卡纳克神庙却是用来阅读的。虽然由于年代的久远，致使神庙已破败不堪，然而，透过那仅存的部分，人们依然能够感受和想象到卡纳克神庙当年的宏伟壮丽。

三大园区

卡纳克神庙位于开罗以南700千米处的尼罗河东岸，神庙区分为三大园区。主园区位于中心，是献给太阳神阿蒙的，那里有阿蒙大神庙和一个巨大的圣湖。南侧是阿蒙的妻子穆特的园区，北侧是底比斯的鹰头神蒙图的园区。

▶图特摩斯三世

建造者

这座巨大神庙群的建造者主要是新王国时期的法老，其中包括哈特谢普苏特、图特摩斯三世、谢提一世和拉美西斯二世，但是阿蒙大神庙中的圣所却是中王国时期（约公元前1900年）的产物，以后的历代法老以这个圣所为核心不断扩展。

▲走进卡纳克神庙，只见满目尽是帝王的雕像和如林的石碑。

浩大的规模

卡纳克神庙的大柱厅,约5000多平方米,厅内有134根石柱,分16行排列,中央两排特别粗大,每根高达21米,直径3.57米,可容纳100个人在上面站立。

▶卡纳克的阿蒙神庙始建于中王国时期,至新王国第18王朝进行了扩建,第19、20王朝又续有增修,到新王国末期,它已拥有10座门楼。

note 知识小笔记

位　置	非洲
国　家	埃及
特　色	占地面积大,石柱众多

古迹聚集

走入神庙的大门后,首先看到的是阿蒙神庙的大庭院,这里集中了名目繁多的古迹。左侧是谢提二世祠堂,对面有一座羊头狮身像,祠堂右侧是小型的拉美西斯三世神庙。

▶卡纳克神庙是埃及中王国及新王国时期首都底比斯的一部分,太阳神阿蒙神的崇拜中心,古埃及最大的神庙所在地。

圣坛

沿着东西中轴线,可以直达圣坛,这里是古时候只有祭司和法老才能进入的地方。不过,如今那些神像只剩下半身了,上半身被陈列在大英博物馆、卢浮宫或者开罗博物馆。

最伟大的世界奇迹——阿布·辛拜勒神庙

No.011

阿布·辛拜勒神庙是古埃及国王拉美西斯二世的登峰造极之作，令人惊叹的不仅在于如此宏伟的建筑是在没有任何机械帮助的条件下建造而成的，而且还在于它的湮没、发现和搬迁的整个过程。

地理位置

阿布·辛拜勒神庙位于埃及阿斯旺以南280千米处，是埃及南方城市阿斯旺的重要旅游景点。神庙实际上是并排两座，坐西朝东，右边就是著名的拉美西斯神庙，左边则是拉美西斯二世的妻子王后的神庙。

巨大的雕像

阿布·辛拜勒神的两座神庙竖立在尼罗河边，是从山崖石壁中雕凿出来的。神庙附近还有6尊挺立的雕像，其中4尊是拉美西斯，2尊是王后，每尊都高达10米。阿布·辛拜勒主庙由4尊高20米的埃及法老拉美西斯二世的雕像护卫者。

↑拉美西斯二世是古埃及第十九王朝法老，其执政时期是埃及新王国最后的强盛年代。

日照奇观

3 000多年来，每年的2月21日和10月21日，即拉美西斯二世的生日和登基日，早晨的第一缕阳光总会透过神庙的门洞，穿透61米长的甬道，准确地照到太阳神的脸上，然后依次是拉美西斯二世和阿蒙神（阿蒙就是太阳神）。与阿蒙神紧紧相邻的冥神却永远享受不到这束"神光"，那是因为掌管冥界的冥神本就不应该受到太阳光的照耀。这种令人匪夷所思的日照奇观，集中了古埃及工匠们天文学、星相学、地理学、数学和建筑学等多门学科的聪明智慧。

↑ 阿布·辛拜勒神庙模型

成功的搬迁

20世纪，由于阿斯旺水坝的修建，阿布·辛拜勒神庙不得不进行搬迁，整个搬迁过程历时4年，工程浩大而复杂。太阳神庙的现址视野开阔，面对着波光浩渺的纳赛尔湖。阿布·辛拜勒神庙的成功迁址和再生，已成为人类拯救文明遗产的经典之作而被载入史册。

知识小笔记

位　置：非洲
国　家：埃及
特　色：在悬崖上雕刻而成，埃及众多神庙中最美的一座

美国的印第安之魂——悬崖宫

悬崖宫作为北美印第安文化中最令人称奇的建筑群，长久以来一直被巍峨的群山和繁茂的杂草所掩盖。直到19世纪，它才出现在世人面前。因为其自身独特的建筑结构和所蕴含的珍贵的印第安文化，悬崖宫被人们称为"美国的印第安之魂"。

地理位置

悬崖宫坐落在美国西部科罗拉多州西南部的沙漠与峡谷的岩石地带，海拔2600米，占地面积约211平方千米。悬崖宫是建于公元13世纪的阿纳萨齐印第安人居址。

▲ 如今的悬崖宫已经成为美国著名的游览胜地

▲ 壮丽的悬崖城堡见证了北美早期的文明，保留了北美那最淳朴、最真实的印第安风貌。

偶然的发现

悬崖宫的发现极为偶然，1888年冬季的一天，寒风呼啸，大雪纷飞，两个牧童寻找因迷路而跑丢的牛群，偶然来到了梅萨维德峡谷，发现了这座宏伟的城堡，从此，悬崖宫名扬天下。

令孩子着迷的100个人工奇观

建立国家公园

后来，一批批冒险家进入悬崖宫遗址挖宝，珍贵的文物遭到无可挽回的破坏。1906年，美国国会通过保护悬崖宫遗址的法令，把这块地方严密看管起来，建立了梅萨维德国家公园。

▶ 悬崖宫的入口

建筑特点

悬崖宫不同于现代城市，这里没有相连的街道，没有集中的作坊和商店，更没有统治象征的政权机构，只是一个成簇房屋的集合。目前尚存比较完整的聚落300多处，每处都有砖墙围护，内有成套的住宅，有公共的庭院和宗教建筑物。

"克屋"

在整个建筑群中还有一种被称作"克屋"的奇特的圆形屋子。最大的一间"克屋"，直径达19米，纵深5米，屋内的音响效果特别好。假如两人在屋子一头窃窃私语，另一头的人们则能听得清清楚楚，甚至在屋内咳嗽、打喷嚏的声音也如同雷鸣一般响亮。

知识小笔记

位　置：北美洲
国　家：美国
特　色：峭壁上的建筑，已经初具城市的形态

众神之城——特奥蒂瓦坎

特奥蒂瓦坎是印第安文明的重要遗址,其建筑物按照几何图形和象征意义布局,以太阳神金字塔、月亮神金字塔、羽蛇神庙等闻名于世。现在已无人知道负责修建特奥蒂瓦坎城的到底是谁,但人们却知道特奥蒂瓦坎城是整个墨西哥高原出现的最古老的文明之一。

诸神之都

"特奥蒂瓦坎"在印第安语中的意思是"诸神之都",它位于墨西哥城东北40千米的波波卡特佩尔火山和依斯塔西瓦特尔火山山谷之间,面积83平方千米,是古印第安人中的一支——托尔蒂克人的宗教圣地和经济中心。

经过一个世纪的考古研究,墨西哥特奥蒂瓦坎的遗址依旧守卫着它的秘密。

太阳金字塔

太阳金字塔

太阳金字塔是古印第安人祭祀太阳神的地方,它建筑宏伟,呈梯形,坐东朝西,正面有数百级台阶直达顶端。塔的四面,都是呈"金"字的等边三角形,底边与塔高之比,恰好也等于圆周与半径之比。

太阳神庙

著名的"逝者大街"纵贯南北

太阳金字塔的塔顶是一座太阳神庙,现已被毁,据说,当初这座庙金碧辉煌,高大的太阳神像站立在神坛中央,面对东方,端庄严肃,胸前佩带着无数金银、宝石的饰物,当阳光射入庙堂时,周身闪烁着耀眼的光芒,使人肃然起敬,当年的古人们就在这里杀人以祭祀太阳神。

羽蛇神

玛雅人认为羽蛇神是太阳神的化身。他们在羽蛇神庙朝北的台阶上,精心雕刻了一条带羽毛的蛇,每年春分和秋分的下午,在太阳光的照射下,这条蛇的棱角渐次分明,那些笔直的线条也从上到下,交成了波浪形,仿佛一条飞动的巨蟒自天而降,逶迤游走。

建筑奇观

类似羽蛇神这样的奇观还出现在南美丛林。这种融天文知识、物理知识、建筑知识于一体所造成的艺术幻觉,在古代建筑中是十分罕见的。

note 知识小笔记

位 置	北美洲
国 家	墨西哥
特 色	规模庞大,雄伟华丽

令孩子着迷的100个人工奇观

失落的玛雅文化——奇琴伊察

中美洲的玛雅文明是世界著名的古代文明之一，而位于墨西哥尤卡坦半岛上的古城奇琴伊察，曾经是玛雅文明中最大、最繁华的古城邦。至今存留下来的白色建筑残骸，默默地见证了这个古老城邦的兴衰。

重要遗迹

奇琴伊察最早建于公元432年，保存至今的建筑有金字塔神庙、千柱厅、球场、天文观象台等遗迹，其中最著名的是羽蛇神金字塔和武士庙。

▲ 羽蛇神金字塔

武士庙

奇琴伊察的武士庙，因建有1000根圆柱，也被称为千柱厅，这个大厅大约建于公元11世纪，本来有石房顶和支撑房顶的木楣。现在，房顶和木楣都已不见，只有石柱石墙仍然留存。

▲ 武士神庙以内部占地广阔著称

羽蛇神金字塔

羽蛇神金字塔雄居奇琴伊察的正中，是为羽蛇神而建的神庙。金字塔的地基呈方形，四边依阶梯上升，直至顶端的庙宇。在春季和秋季的昼夜平分点，日出日落时，建筑的拐角在金字塔北面的阶梯上投下羽蛇状的阴影，并随着太阳的位置在北面滑行下降。

天文观象台

▲椭圆形天文台

天文观象台是玛雅文化中唯一的圆形建筑。它高22.5米，上层有精密设计的8个小窗口，通过这些窗口可以观察到春分、秋分落日的半圆。玛雅人通过观察天象，不仅能够相当准确地预测出日食和月食，而且能够测出金星的公转周期。

神秘消失

13世纪时，奇琴伊察古城随着玛雅人的消失，也从历史中褪去。究竟是什么原因使得这个昔日繁华大都市成为一座杂草丛生的荒废之城，至今仍是历史学家们所要探索的一个未解之谜。

玛雅文明是中美洲古印第安人的文明，这个文明在与亚非欧古代文明隔绝的条件下，创造出自己独特的文化。

知识小笔记

位　置：北美洲
国　家：墨西哥
特　色：玛雅文化与托尔蒂克文化相融合

神秘之岛——复活节岛

复活节岛犹如一叶孤零零的方舟，飘荡在广阔的南太平洋上。自它被发现之日起，引起了世人的格外瞩目。但令人感到困惑的是，人们越是了解复活节岛，就越觉得复活节岛神秘莫测。直到今天，仍有不少人在不断地研究着复活节岛。

↑ 复活节岛是一座位于南太平洋中神秘的岛屿，它被当地的土著人称为世界的中心。

将军的发现

1722年4月5日，荷兰将军雅格布·罗格文率领一支分舰队在距智利3 000多千米的东南太平洋上发现了一座海图上并没有标明的小岛，由于那天正好是西方的复活节，于是将军给该岛起名为复活节岛。

自然环境

复活节岛岛长22.5千米，呈三角形，面积还不到120平方千米。岛上有三座火山，整个岛屿都被火山熔岩和火山灰覆盖着，没有河流。

🏔 神秘的巨石雕像

复活节岛的四周全是造型奇特的巨石雕像。这些石像至少有10米高，最高的可达20多米，都是用整块石头雕成的，重量可能有十多吨。有的石像头上还戴着几米高的石头大帽子，耳部有长长的耳垂。

🏔 未完成的雕像

科学家们从1914年开始对复活节岛进行全面的考察和测绘，共统计了887座石像，其中还有许多未完成的雕像，还有一些雕像倒伏在搬运的路上和山上的采石厂中。

→ 复活节岛上的石像几乎都是长脸，长耳朵，双眉深陷，浓眉突嘴，鼻子高而翘，面朝大海，昂首凝视，神色茫然。

🏔 未解之谜

这些世界罕见的巨大石雕究竟代表什么呢？究竟是谁，在什么时候、什么地方，怎样雕刻了这些石像？石像又是怎样运到海边、放置到巨大的石头平台上去的？至今，关于这些雕像还有许多未解之谜。

note 知识小笔记

位　置：南美洲
国　家：智利
特　色：规模巨大的石刻雕像

失落的印加城市——马丘·比丘古城

秘鲁的马丘·比丘古城,是古代一项伟大的工程,也是南美洲考古学上的重要古迹。这项巧夺天工的杰作,极度地表现了人类与大自然和谐共存的艺术造诣。马丘·比丘带给人们的不只是对古代印第安文明的敬畏,更多的还有对文明的缅怀之情。

地理位置

马丘·比丘位于古印加帝国首都库斯科城南部112千米的高原上,海拔2 430米。整个古城遗址坐落在老年峰和青年峰中间陡峭狭窄的山脊上,四周被崇山峻岭重重包裹。从远处看起来,马丘·比丘似乎随时都可能从狭窄的山脊上滑下万丈深渊。

古城的历史

大约1462年,印加帝国统治者帕查库特克·印加·尤潘基建造了该城。15世纪,印加文化处于鼎盛的时候,马丘·比丘是印加帝国的统治范围。虽然西班牙殖民者横扫了整个印加帝国,但从未到达这里。

古城的发现

1911年，美国探险家海勒姆·宾厄姆发现了完全掩盖在一片厚厚热带雨林之下的古城遗址。此后，随着神秘面纱逐步被揭开。古城遗址占地面积约13平方千米，虽只剩下残垣断壁，但当初兴盛时期的壮观风貌依稀可见。

★ 古印加人不但建筑技术高超，而且在在医药学方面的成就也令人惊叹。他们的外科手术特别是穿颅术在当时居于世界先进行列。

石头城

全城所有的房屋、墙壁、街道和台阶都是用石头垒成的，每一块石头都有约1吨重。这些石块之间未用任何灰浆，全靠石匠巧夺天工的高超技术使它们结合得非常紧密。还有大量的水池，互相间由穿凿石头制成的沟渠和下水道联系，通往原先的灌溉系统。

知识小笔记

位　置：南美洲
国　家：秘鲁
特　色：建在山顶之上，是世界上为数不多的文化与自然双重遗产之一

令孩子着迷的 100 个人工奇观

令孩子着迷的100个人工奇观

宗教圣堂

　　宗教作为人类精神世界的产物，一直伴随着人类社会的发展，并且影响着人类文明的进程。教堂、寺庙，作为宗教的神圣建筑，不但体现了人类建筑艺术的辉煌成就，而且更是虔诚的教徒们心灵的归宿。如今，这些庄严、宏伟的宗教建筑已经成为人类文明的瑰宝。

佛教艺术宝库——莫高窟

莫高窟地处丝绸之路的一个战略要点,它不仅是东西方贸易的中转站,同时也是宗教、文化和知识的交汇处。莫高窟规模宏大,内容丰富,历史悠久,与山西云岗石窟、河南龙门石窟并称为中国"三大石窟艺术宝库"。

地理位置

莫高窟又名"千佛洞",位于中国甘肃省敦煌市东南 25 千米处鸣沙山的崖壁上。这里全年日照充足、干燥少雨、四季分明,昼夜温差较大。

▲ 莫高窟其中的一个石窟,内有美丽的"飞天"壁画。

▲ 莫高窟的石窟都是有编号的,从一到几百,这是三百多号石窟的外观。

石窟结构

石窟南北长 1 600 余米,上下共 5 层,最高处达 50 米。现存洞窟 492 个,壁画 45 000 余平方米,彩塑 2 415 身,飞天塑像 4 000 余身。

🏛 佛教艺术宝库

莫高窟最初开凿于前秦建元二年（公元366年），至元代（公元1271~1368年）基本结束，其间经过连续近千年的不断开凿，使莫高窟成为集各时期建筑、石刻、壁画、彩塑艺术为一体，世界上规模最庞大，内容最丰富，历史最悠久的佛教艺术宝库。

🏛 壁画艺术

石窟壁画绚丽多彩，各种各样的佛经故事、山川景物、亭台楼阁等建筑画、山水画、花卉图案、飞天佛像以及当时劳动人民进行生产的各种场面等，是十六国至清代1500多年的民俗风貌和历史变迁的艺术再现。

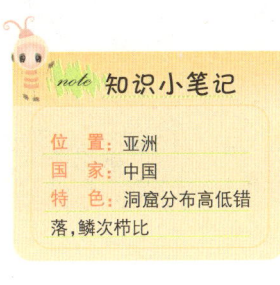

知识小笔记
- 位　置：亚洲
- 国　家：中国
- 特　色：洞窟分布高低错落，鳞次栉比

▶莫高窟的第96窟，在唐朝被称为"北大像"，今俗称大佛殿。它是莫高窟的第一大窟，建于初唐。窟内虽然没有壁画，但却依崖塑造了敦煌石窟中最大塑像（高35.5米）的弥勒佛像。

🏛 藏经洞

1900年在莫高窟偶然发现了"藏经洞"，洞里藏有从公元4~14世纪的历代文物五六万件。文书内容主要是佛经，此外还有道经、儒家经典、小说、诗赋、史籍等，其中不少是孤本和绝本。这些对研究中国和中亚地区的历史，都具有重要的史料和科学价值。

令孩子着迷的100个人工奇观

世界屋脊上的明珠——布达拉宫

布达拉宫是世界上海拔最高的古代宫殿,也是西藏现存最大最完整的古代宫殿建筑,被誉为"世界屋脊上的明珠"。在布达拉宫广场翘首仰望,只见殿宇巍峨,金顶入云,曲径回廊重重叠叠。那拔地凌空的气势,那金碧辉煌的色调真如天上宫阙一般。

建筑历史

布达拉宫始建于公元7世纪,当时西藏的吐蕃王松赞干布为迎娶唐朝的文成公主,修建了布达拉宫。吐蕃王朝灭亡之后,古老的宫堡也大部分被毁于战火。1645年,布达拉宫获得重建,此后又进行多次扩建,于是就具有了今日的规模。

▲布达拉宫依山而建,它是一座匠心独具的传统藏式建筑。

建筑结构

在拉萨海拔3 700多米的红山上,布达拉宫依山而建,共13层,高117米,东西长约420米,宫墙厚3~5米,建筑面积约13万平方米,用石头和三合土砌成,坚固无比。宫墙外表向上倾斜,更显得雄伟壮观。

令孩子着迷的100个人工奇观

▲布达拉宫的建筑美，不仅表现在它的造型上，色彩美也是重要因素。特别是白宫外墙大面积的白色，使人们很自然地联想到附近山峦终年不化的皑皑白雪。而红宫外墙的红色，如雪山中冉冉升起的一轮红日，红白相间，极为醒目。

红宫和白宫

正中的宫殿呈褐红色，称为红宫，为历世达赖喇嘛的灵堂和佛堂所在地。殿内除乾隆御赐"涌莲初地"匾额外，还保存有康熙皇帝所赐大型锦绣幔帐一对，此为布达拉宫内的稀世珍品。两侧的宫殿呈白色，称为白宫，是历代达赖喇嘛处理政务和生活起居之所。

知识小笔记

| 位 置：亚洲
| 国 家：中国
| 特 色：红白相间，鲜明的色彩对比

丰富的历史文物

300多年来，布达拉宫收藏和保存了极为丰富的历史文物。其中有2500余平方米的壁画、近千座佛塔、上万座塑像、上万幅唐卡（卷轴画）、珍贵的经文典集；明清两代皇帝封赐达赖喇嘛的金册、金印、玉印以及大量的金银品、瓷器、珐琅、玉器、锦缎品及工艺品等。

令孩子着迷的100个人工奇观

天下巨观——悬空寺

No.019

悬空寺是名副其实地建在悬崖峭壁间，其设计构思之绝、建筑艺术之高简直令人匪夷所思。除非是自己亲眼所见，否则没有人能相信这样一种建筑会真实地出现在我们的世界里，并且历经一千多年的风霜依然完好。

地理位置

悬空寺位于山西浑源县，距大同市65千米，是国内仅存的佛、道、儒三教合一的独特寺庙。悬空寺是历代文人墨客向往之处。诗仙李白游览后，在岩壁上写下了"壮观"二个大字。明代徐霞客游历到此，称之为"天下巨观"。

建造历史

据说，悬空寺是北魏时一位叫了然的和尚所建，距今已有1400年的历史。虽然历代都有重修，但原来的结构都没有改变。现存建筑是明、清两代修建后的遗物。

▲ 在中国众多的庙宇中，悬空寺可以称得上是最为奇妙的建筑。

建造原因

悬空寺所在之地在古代是南去五台、北往大同的交通要道，悬空寺建在这里，可以方便来往的信徒进香；其次，浑河河水从寺前山脚下流过，常常暴雨成灾，河水泛滥，人们以为有金龙作祟，便想到建浮屠来镇压，于是就在这百丈悬崖上悬空修建了寺院。

悬空寺距地面高约50米，但仍然发展了中国传统建筑的风格，其建筑特色可以概括为"奇、悬、巧"三个字。

寺庙内的雕像

建筑特点

悬空寺的基础是沿着石壁上稍微突出的堤坎凿开一排洞眼，逐一打入木梁，然后铺石成为地面，以承载40间殿宇楼阁。木梁下又支撑着几十根粗如碗口并长达3米的木柱，这些木柱被插在石壁的缝隙中，给人以险中有稳之感。

天下巨观

悬空寺所在地的山势好像一口挂起来的锅一样，中间凹了进去，而悬空寺恰好建在锅底。这样，大风不能吹袭悬空寺，寺院前面的山峰又起了遮挡烈日的作用，所以，它能够历经了千年风雨甚至地震，迄今仍然牢牢地紧贴在峭壁上。

知识小笔记

- 位　置：亚洲
- 国　家：中国
- 特　色：奇、悬、巧

令孩子着迷的100个人工奇观

日本人的心灵故乡——金阁寺

京都素有日本的千年古都之称,而金阁寺就如同京都的文化名片。在著名作家三岛由纪夫的作品中,金阁寺早已不再是简单的一座建筑,而已经幻化为一个抽象的心灵符号,因此人们称它为"日本人的心灵故乡"。

地理位置

具有动人心魄之美的金阁寺坐落于日本京都,正式的名字为鹿苑寺,被日本政府指定为国宝。1994年,金阁寺被联合国教科文组织指定为世界文化遗产的重要历史建筑。

▲ 通身闪闪发亮的金阁寺

▲ 金阁寺内部

建造历史

金阁寺最早完成于1397年,现在看到的已经不是最初的金阁寺建筑。原始的金阁寺在1950年被烧毁,1955年修复后,1987年当地政府又重新在殿外敷上了金箔,所以说金阁寺也真可以说是名副其实的"金"阁寺。

建筑风格

金阁寺的结构属于镰仓时代和室町时代所盛行的那种住宅兼佛寺式建筑，亭阁共有三层，每层都反映了不同的风格：第一层是平安时代贵族住宅式宫殿风格；第二层是镰仓时代的武士住宅风格；第三层是禅宗寺庙风格。

艺术思想的精华象征

金阁寺的最顶端，是宝塔状结构的寺顶，也是整个建筑的艺术思想的精华象征所在，特别是顶端的那只熠熠生辉、象征吉祥的金凤凰造型装饰，不仅是一种装饰，也是一种精神上的象征。

◀ 金凤凰

镜湖池

在金阁寺的前面，是一个水平如镜的池塘——镜湖池。镜湖池内有几座岛屿和代表九山八石的多块奇岩点缀其中，风雅幽静，令人遐思。金色的楼阁倒映在清澈的湖水中，景色尤其妩媚动人。每逢冬季雪花飘落时节，金阁寺则变得银装素裹，更别有一番情趣。

知识小笔记

位　置：亚洲
国　家：日本
特　色：主殿外墙以金箔装饰，倍显金碧辉煌

日本最古老的寺院——法隆寺

日本的奈良有"东方的罗马"之誉，它是日本的佛教中心和文化发祥地，至今保存着许多著名的寺庙、神社、佛阁、佛像、雕刻、绘画、平城京遗址和众多的皇陵。在奈良众多的庙宇建筑中，最著名的当数位于奈良生驹郡斑鸠町的法隆寺。

建造历史

法隆寺建于公元607年，距今已有1400年了，这是一座日本最古老的木结构建筑，为当时日本圣德太子所建。圣德太子热衷中国文化，当时曾派遣许多使者去中国。法隆寺的建筑和佛像线条受到中国北魏时期艺术风格的影响，也象征着中日文化交流的悠长历史。

由于得到世代天皇的庇护，佛教首先在奈良兴盛起来。奈良内众多的寺院，可以说是一座座历史博物馆。寺院内大大小小的佛像更好地印证了佛教在日本的发展历史。

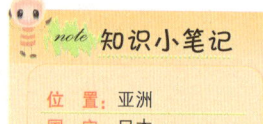

知识小笔记

位　置：亚洲
国　家：日本
特　色：飞鸟样式的代表，国宝级文物众多

建筑格局

法隆寺分为东、西两院。东院以梦殿、传法堂为中心，梦殿是一座八角形的建筑，供奉着7世纪最有名的救世观音像。西院始建于公元607年，于670年烧毁后重建，以南大门、中门、回堂、金堂、五重塔、经藏、钟楼、大讲堂等建筑为主。

五重塔

五重塔高 31.8 米，下面四层呈方形，塔中心的木柱托着塔顶上的法轮和宝珠，塔内有一些斑鸠时代的塑像，塔后还有一座大讲堂。五重塔是日本现存历史最久的古塔，也是日本象征性的建筑。

特色

一条绵长的甬道和两边土黄色的墙壁是法隆寺的另一个特色。甬道用青石板铺设而成，石板两旁是细沙和碎石。路两边是土黄色的墙壁，墙顶是青色的瓦，墙基是石块，显得淳朴古雅。正是这条甬道和土墙将法隆寺的各个寺院和谐地联在一起，成为寺内一种新的标志。

木结构的五重塔

海上华丽的地标——严岛神社

严岛神社位于日本的濑户内海边的宫岛之上。由于独特的地理位置与景致，宫岛自古以来就一直就被人们认为是有神明居住、充满灵气的岛屿，而逐渐成为信仰的中心。当海水涨潮时，神社就如同一艘漂流在海上巨船，承载着人们美好的心愿，驶向幸福的彼岸。

神社的历史

神社的创建虽然没有明确的记载，但一般都认为是在推古天皇即位时，由左伯鞍职所创建。神社首次被列入日本历史，是在公元811年，以"伊都岐岛神"的名称被日本古代史书《日本后记》收录。

知识小笔记

- 位　置：亚洲
- 国　家：日本
- 特　色：建在海边的神社，与群山环抱城天然景色

神社的主体建造在山脚下的海面上，曲折的回廊有山水园林之美，绚丽的色彩又显宫廷般的豪华。这里潮起潮落反差很大，每当涨潮时，红色的倩影则随着水波荡漾，美不胜收。

神社的组成

严岛神社由本社和摄社组成。摄社是神社的一种级别，位于本社和末社之间，祭祀与本社关系比较密切的神。两个神社的社殿基本上都是由本殿、币殿、拜殿和祓殿构成。摄社的规模小一些。

三教同山的石庙——埃洛拉石窟庙宇

埃洛拉石窟庙宇位于印度的德干高原之上,是印度庙宇石雕建筑的集大成者。在这里,佛教徒、耆那教徒和印度教徒都在独自安静地向自己的主神祈祷,这也恰好体现了印度那种源远流长的文化和宽恕容忍的民族精神。

佛教窟

在埃洛拉全部的34座石窟中,最南端的第1窟到第12窟为佛教窟,主要的雕像是释迦牟尼像。其中最著名的是第10窟,窟内的舍利塔高约8米,直径约4米,四周雕满了面相庄重、脚踏莲花的佛像。

◀ 佛教洞窟

▲ 凯拉萨神庙

凯拉萨神庙

凯拉萨神庙位于16号窟,完全由一整块巨型山岩开凿而成,长81米、宽47米、最高处约32米。这座印度教庙宇是埃洛拉石窟庙宇中的一颗明珠,数千名工匠前后共花费150年的时间,一点点从山顶向下雕凿,在移除了240万吨山石之后,神庙才最终得以建成。

佛塔之国的明珠——仰光大金塔

缅甸佛塔众多，素有"佛塔之国"的盛誉。其中金碧辉煌的仰光大金塔，是塔中杰作，是缅甸国家的象征。它与印度尼西亚的婆罗浮屠塔、柬埔寨的吴哥寺齐名，是东方艺术的瑰宝，也是驰名世界的佛塔。

佛塔的历史渊源

大金塔始建于公元585年，据传，缅甸的俩兄弟从印度带回8根释迦牟尼的头发，献给当时的国王奥加拉巴，又在奥加拉巴的帮助下，修筑了高20米的大金塔，把佛发珍藏在内，从此，大金塔成为东南亚佛教徒朝拜的圣地。

不断地修缮

佛塔初建时高约8米，经过历朝历代多次翻修改建，到今天，塔高已增至为100多米，越发显得宏伟壮观和富丽堂皇。

知识小笔记

- 位 置：亚洲
- 国 家：缅甸
- 特 色：金碧辉煌，建筑技艺精湛

大金塔的外形

大金塔的外形就像一座倒扣在地上的巨钟，现在，塔身高112米，贴满1 000余张纯金箔，所用黄金达7吨之多。塔的四周上下悬挂着金、银铃，共1.5万多个。微风吹来，铃声叮当，清脆悦耳，声传四方。

古钟的劫难

第二次缅英战争结束后，英国殖民者计划把安置在大金塔西北角、重约16吨的古钟劫走。装船时，缅甸人民将钟沉入海底。英军走后，缅甸人民把古钟捞起，重新放置在大金塔的西北角，供人观赏。

▲ 命运多舛的古钟

▲ 塔顶用黄金铸成，上有重1260千克的金属宝伞，四周镶嵌着664颗红宝石，551颗翡翠，443颗钻石。白天，在阳光照耀下，整座塔显得金碧辉煌，雍容华贵；夜晚，大金塔灯光通明，斑斓夺目，蔚为壮观。

两个宗教的圣殿——圣索菲亚大教堂

圣索菲亚大教堂是土耳其古都伊斯坦布尔最大的教堂,是古代拜占庭的艺术杰作。整个建筑气势庄严但不凌厉。教堂既有罗马建筑的特色,又有东方艺术的韵味,是土耳其最有名也是最有代表性的古代建筑。

神圣的教堂

圣索菲亚大教堂始建于公元325年,后受损于战乱。公元537年,查士丁尼皇帝又对它进行重建。圣索菲亚大教堂作为基督教的宫廷教堂,整整持续了9个世纪。

▶ 夜色中的圣索菲亚大教堂

庄严的清真寺

公元1453年6月,奥斯曼土耳其苏丹穆罕默德攻入伊斯坦布尔,他下令将豪华的罗马宫殿艺术珍品化为灰烬,将大教堂改为清真寺,并在周围修建了4个高大的清真寺尖塔,这就是今天我们看到的大教堂的面貌。

建筑风格

教堂的圆顶由两个半球形拱门来支撑，直径 32.6 米，离地面 54.8 米，宛如镶嵌在马尔马拉海滨的珍珠，宏伟、震撼。在 17 世纪圣彼得大教堂完成前，圣索菲亚大教堂一直是世界上最大的教堂。

教堂内部

教堂主体呈长方形，内壁全用彩色大理石砖和五彩斑斓的马赛克镶嵌画装点铺砌。站在教堂里，最强烈的感受是空旷。从四周窗户透进来的自然光线给幽暗的教堂营造出迷幻的宗教气氛。

▼ 拜占庭支柱和拱门

历史的瑰宝

圣索菲亚大教堂那高超的建筑结构，精美的艺术作品，营造出的神秘氛围，都充分反映了当时人们对神灵的敬畏，对天堂的神往。1932 年，教堂被改成博物馆，长期被掩盖住的拜占庭马赛克镶嵌艺术瑰宝得以重见天日，也使我们有缘感受这个珍贵的遗产。

note 知识小笔记

位　置：亚洲
国　家：土耳其
特　色：基督教和伊斯兰教在这里和谐共存

石头组成的交响乐——巴黎圣母院

巴黎圣母院是欧洲早期哥特式建筑和雕刻艺术的代表,集宗教、文化、建筑艺术于一身。在整个欧洲,巴黎圣母院一直被视为最珍贵的宗教遗产。巴黎圣母院也因其承载着与众不同的历史与文化的时代烙印,赢得了世人更多的关注。

建造历史

巴黎圣母院始建于1163年,当时决定在巴黎建造一座奇美的教堂。1345年巴黎圣母院于才最终完工,这里面不仅闪现着教堂设计者让·德·谢尔和皮埃尔·德·蒙特叶的杰出才能,还凝聚着巴黎无数石匠、铁匠、木工以及雕刻师等千百位劳动者的心血。

建筑结构

圣母院坐东朝西,正面风格独特,结构严谨,看上去十分雄伟庄严。它被壁柱纵向分隔为三大块;三条装饰带又将它横向划分为三部分,其中,最下面有三个内凹的门洞。门洞上方是所谓的"国王廊",上有分别代表以色列和犹太国历代国王的28尊雕塑。

▲举世闻名的巴黎圣母院

🏰 正殿

教堂长 130 米，宽 48 米，高达 35 米，能容纳 9 000 人左右。步入圣母院的正殿，中间异常空旷。中央巨大圆格花窗的直径为 9.6 米；北面的那一侧窗展现的是早期天主教领袖们、宗教司法官和《圣经》中描述的诸帝王如众星捧月一般将圣母供奉在中央的情景。

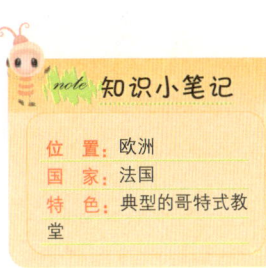

知识小笔记

- 位　置：欧洲
- 国　家：法国
- 特　色：典型的哥特式教堂

▲ 圣母院是巴黎最有代表性的历史古迹、观光名胜与宗教场所。

🏰 历史烙印

巴黎圣母院在人们心中，一直是宗教、政治和许多重大事件及典礼盛会上演的地方。菲利普四世为对抗教皇，在这里召开了市民参加的"总议会"；民族英雄圣女贞德的昭雪仪式在此举行；路易十四和路易十六在此加冕等。法兰西历史上许多深刻的场面都发生在巴黎圣母院。

▶ 巴黎圣母院集欧洲建筑罗曼风格、哥特风格和文艺复兴时期风格为一体，被视为法国最伟大的艺术杰作之一。

🏰 "零起点"

巴黎圣母院广场上有法国公路网"零起点"标志，从巴黎到其他地方有多少千米，都是从这个"零起点"开始测量的。而从其他地方到巴黎有多少千米，也指的是到达"零起点"的距离。

哥特式建筑的巅峰之作——亚眠大教堂

亚眠大教堂是法国最大的教堂，同时也是法国最美的教堂之一。教堂的建筑布局严谨，以彩色玻璃装饰的教堂内壁是建筑史上的先河之作，并且以宗教为题材的著名雕像异常精美，被称为"石头上的百科全书"。

地理位置

亚眠大教堂位于法国索姆省亚眠市的索姆河畔。它始建于1152年，1218年由于遭受雷击而摧毁。亚眠大教堂从1220年起开始重建，最终成为现在我们看到的样子。

知识小笔记

位　置：欧洲
国　家：法国
特　色：宏伟的哥特式教堂，雕刻群无比瑰丽

▶亚眠大教堂是13世纪最大的古典哥特式教堂之一。正面三层塔式向内高挺，造型优美，整体规划连贯协调，引人入胜。

教堂结构

亚眠大教堂由3座殿堂、1个宽阔的十字厅和1座有7个小礼拜堂的环形后殿组成，其中十字厅长133.5米，宽65.25米，高43米。教堂南北各有1座塔楼，南塔高62米，北塔高67米。

▲ 拱门上的装饰

🏛 建筑特色

教堂内遍布 12 米高的彩色玻璃窗，采用花色窗棂，几乎看不到墙面，开创了建筑学上强调采光的新阶段，也是哥特式教堂彩色玻璃窗的典范。教堂门楣上的圣人雕像秀美结实，其中最著名的是"美丽上帝"雕像，耶稣高贵祥和的表情栩栩如生。

🏛 高大的穹顶

更令人惊讶和赞叹的是教堂高大的殿堂、直耸石柱的优美的穹顶，它们巧妙的搭配构成了完美严谨的几何图形。这种大跨度比例的穹顶使人感到教堂的静寂与博大，它的直耸云霄的高超建筑技术也深刻表达了建造者们的虔诚信仰。

▲ 亚眠大教堂是一座艺术的殿堂，其从里到外的雕刻物品，林林总总，多达4 000多枚。

◀ 教堂内部的明显特征是业已完善的哥特式的设计风格。

🏛 "亚眠《圣经》"

亚眠教堂的里里外外布满了雕刻，如《最后的审判》《圣母生平》《金身圣母》等宗教题材的雕刻至今保存完好。人们把这些雕塑群体称为"亚眠《圣经》"，因为这些雕刻再现了《圣经》中数百个故事，对于中世纪目不识丁的教徒来说，无疑是一套形象化的《圣经》。

石砌的《圣经》——沙特尔大教堂

有着800年历史的沙特尔大教堂，显示了欧洲中世纪工程学的卓越成就，也向全世界证明了哥特式建筑的伟大，在美学、经济和科学技术上都是一个史无前例的创举。沙特尔大教堂与兰斯大教堂、亚眠大教堂和博韦大教堂并列为法国四大哥特式教堂。

🏛 地理位置

沙特尔大教堂坐落在法国沙特尔市的山丘上，是法国著名的天主教堂。大教堂部分始建于1145年，1194年教堂曾遭遇火灾，26年后重建，是标准的法国哥特式建筑。

🏛 建筑格局

大堂有3个圣殿，分别与3座大门相通，象征耶稣不同时期的活动与生活。中殿长为130米，正面宽16.4米，高达32米，是法国教堂中最宽的中殿。其两侧分别有一座互不对称的尖塔式钟楼，其独特的建筑格局最为引人注目。

▲ 沙特尔大教堂以其宏伟的建筑和生动的雕刻群像共同组成了一个奇妙而又和谐的整体。在中世纪建筑史上，沙特尔大教堂占有非凡的地位。

"圣母之纱"

公元876年，查理曼大帝将一个特殊的圣物——"圣母之纱"作为礼物送给这个教堂，据说这件圣物是玛丽亚生下耶稣时所穿的罩袍。这个圣物被保存在一个珍贵的圣盒内，成为教堂的镇山之宝，只有在非常特殊的场合才得以示人。

▶沙特尔大教堂的规模宏大，融合了12世纪的罗马风格及中世纪的哥特式风格，教堂旁有两座高耸的塔楼，左边为哥特式，右边为罗马式，看起来是一种不平衡的美感。

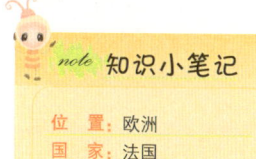

知识小笔记

- 位　置：欧洲
- 国　家：法国
- 特　色：卓越非凡的彩色玻璃窗和精美的雕刻

精美的雕像

教堂上大量的装饰性雕像以南墙的《四圣徒像》最为出名，他们的神态生动，富有个性，服装的质感也被雕刻家们细腻地表现出来。所有这些雕像都有着安静、平和的神态，体现了基督教信念中的理想形象，具有很强的宗教感染力。

◀沙特尔大教堂中央湾南部的一处精美的雕刻

彩色玻璃窗

大教堂的170幅彩色玻璃窗画均以《圣经》故事为题材，构成了一个色彩斑斓又充满神秘气氛的世界。大堂内包括近4 000个拜占庭风格的人像，形象鲜明突出，宗教气氛浓厚，被公认为13世纪玻璃窗画艺术中最完美的典型。

令孩子着迷的 100 个人工奇观

海上金字塔——圣米歇尔山修道院

被19世纪法国文学大师雨果称为"海上金字塔"的圣米歇尔山耸立在法国北部,诺曼底与布列塔尼之间的沙地上。圣米歇尔山修道院是天主教徒心目中,除了耶路撒冷和梵蒂冈之外的第三大圣地。千百年来,它独立于苍茫的大海之滨,接受着一代又一代信徒们的顶礼膜拜。

传说

公元708年的一夜,在圣米歇尔山附近修行的红衣主教奥贝,梦见大天使米歇尔手指沙滩上的一座小山,示意他在此修建教堂。起初奥贝不以为意,后来直到米歇尔天使3次出现在奥贝的梦中,奥贝这才恍然大悟,遂着手动工。于是,圣米歇尔山上就这样有了第一座教堂。

雨果说:"圣米歇尔山显现出一种无限崇高的景象,像一座精美绝伦的金字塔,它的基础是海水冲刷成的雄伟山崖,或者是中世纪精雕细刻的灵岩仙居。"

建筑历史

修道院的教堂始建于1023年,整个工程持续了近百年才结束。1204年法兰西将诺曼底吞并后,圣米歇尔山被人纵火焚烧,老修道院被完全烧毁。1211年法国国王菲利普二世下令修建一个新的修道院,这就是我们今天看到的闻名遐迩的拉梅维耶尔修道院。

建筑结构

圣米歇尔山由坚硬如铁的花岗岩石构成的，虽然建筑师的蓝图在这上面会受到地势和空间的限制，但坚实的岩基却保障了教堂建造的结实和稳固。修道院建在狭窄的山崖上，因此整个建筑结构与众不同，呈垂直状。

涨潮奇观

几个世纪以来，迅猛的涨潮一直是圣米歇尔山的一道著名景观，观潮成了圣米歇尔山一大特色。每逢傍晚，大西洋的潮水会以迅雷不及掩耳之势奔腾而来，刹那间将四周的流沙淹没，变成一片汪洋，只有一条1877年修建的堤道与大陆相连。

圣米歇尔山所在的岛距离海岸2千米，退潮时，岛底可以显露出来，而在涨潮时，上升的海面则会将小岛围住。

知识小笔记

位 置：欧洲
国 家：法国
特 色：高耸而立，与小岛融为一体

大师的密码——朗香教堂

朗香教堂坐落于法国东部索恩地区的一座小山顶上,它白色而粗糙的墙面,不规则的外观,使无数的建筑学家、艺术家都不能圆满地解释出其奇特深奥的构造含义。朗香教堂的设计对现代建筑的发展产生了重要影响,被誉为20世纪最为震撼、最具有表现力的建筑。

建筑背景

在法国东部的小村庄朗香,原本有一座圣母教堂,但第二次世界大战期间毁于战火。战后,当地政府请来了建筑大师勒·柯布西耶重修教堂,由此诞生了这座世界闻名的朗香教堂。

◀ 朗香教堂看上去很奇特,不像普通教堂所应有的样子。它的外形是不规则的,有凹凸,有弧线,有尖角。

◀ 朗香教堂内部

建筑特色

教堂外墙装饰的是粗糙的石砌面层,屋顶是粗野的混凝土原色。屋顶和幕墙之间留一条空隙作一连串横窗,使屋顶显得飘然灵动。两层的屋顶呈曲面状,边缘向上翻起。墙面也几乎全部弯曲,有一面还是倾斜的。

教堂结构

教堂内部，主要空间的周围有 3 个小龛，每个上部都是向上拔起的塔，塔身好像是半根从中间剖开的圆柱，一直伸出屋顶之外。教堂入口缩在倾斜的墙体和塔体的夹缝里。门是金属的，门轴在中央，旋转 90 度让人从两旁进出。门扇正面是柯布西耶画的抽象画。

▲ 朗香教堂的内部同样别具一格

收集雨水

朗香教堂的屋顶东南高西北低，显出东南转角挺拔的气势，这个坡度很大的屋顶有收集雨水的功能，屋顶的雨水全部流向西北水口，经过一个伸出的泻水管注入地面的水池。教堂的 3 个竖塔上开有侧高窗。

关于教堂形体的联想

对于朗香教堂的形体有人作过种种联想：合拢的双手、浮游的鸭子、启航的巨轮、修女的帽子，甚至是两个聊天的修士等。不过柯布西耶在生前也没有明确指出自己对朗香教堂的整体造型的解释，也许这就是大师留给世人的一个密码，等待着众人去一探其中的原因吧。

知识小笔记

位　置：欧洲
国　家：法国
特　色：新颖奇特的造型，充满激情的室内外空间的营造

令孩子着迷的100个人工奇观

宗教圣堂

最完美的教堂——科隆大教堂

科隆大教堂位于莱茵河畔拥有罗马时代悠久历史的德国科隆城。它同时拥有建筑史上三个之最——德国最大的教堂、世界上第三高教堂、建筑时间最长的教堂。教堂的整个格局给人一种浑厚凝重、超然脱俗的意境，是科隆城内最负盛名的文化遗迹。

建筑历史

科隆大教堂于1248年在加洛林王朝希尔德大教堂的遗址上开始兴建，1560年教堂内大厅基本竣工。1560年，因德国宗教改革运动而中断工程，至1823年续建，1880年竣工。整个建造工程前后跨越6个多世纪。

科隆大教堂巍峨壮丽，内外的雕刻、装饰极为精致华丽。

建筑结构

科隆大教堂共有5层，整个建筑全部由磨光石砌成。占地7914平方米，长144.55米，宽86.5米，有10个礼拜堂，正面有两座尖塔，高达157.38米，周围还建有无数座小尖塔。

最完美的教堂

教堂的尖拱屋顶高达 45 米,高耸通透,达到哥特式建筑理想的极致。从大教堂内部可以看到四壁上彩色玻璃镶嵌而成的窗户。窗户上的图案全是《圣经》的故事,面积达 10 000 多平方米。当阳光经过这些彩色窗射入,室内斑斓闪烁,俨然一个神的境界。

珍贵的藏品

▲ 教堂中的大摆钟

在教堂的藏品中,最著名的是重达 24 吨的大摆钟和一个公元 10 世纪时期的黄金匣。大摆钟堪称世界各地教堂钟表中的"巨无霸"。黄金匣则是由黄金、宝石和珍稀饰品组合而成的"宝中宝",是中世纪金饰艺术品的代表作之一。

科隆城的象征

科隆大教堂以轻盈、雅致著称于世,成为科隆城的象征,也是世界最高的教堂之一。它与巴黎圣母院、圣彼得大教堂并称为欧洲三大宗教建筑。

知识小笔记

位 置:欧洲
国 家:德国
特 色:轻盈、雅致

令孩子着迷的100个人工奇观

米兰的象征——米兰大教堂

米兰大教堂不仅是天主教信徒的精神寄托，也是一座珍藏了众多艺术品的神圣殿堂。它如同一本厚厚的线装古书，承载着厚重的宗教历史文化，也时刻在彰显着千百年来西方古典艺术的迷人魅力。

建造历史

米兰大教堂位于米兰市中心，它是令所有米兰人引以为傲的标志性建筑。教堂始建于1386年，由米兰望族吉安·维斯孔蒂主持奠基，1813年教堂的大部分建筑完工，至1965年教堂正面最后一座铜门被安装，才算全部竣工，整个工程历时达5个世纪。

建筑结构

大教堂长约158米，最宽处约93米，宏伟的大厅被4排柱子分开，柱子加上柱头总高约26米，大厅顶部最高处距地面45米。圣坛周围支撑中央塔楼的4根柱子，每根高40米，直径达到10米。

▶ 米兰大教堂雄伟的气势，令人望之而生仰慕之心。

建筑风格

教堂的建筑风格十分独特，上半部分是哥特式的尖塔，据统计共 135 座，最高的尖塔高达 106.5 米，顶端有一尊 4.2 米的圣母玛丽亚像，上镀黄金。下半部分是典型的巴洛克式风格，从上而下布满雕塑，极尽繁复精美，是文艺复兴时期具有代表性的建筑物。

note 知识小笔记

位　置：欧洲
国　家：意大利
特　色：多元化的建筑风格

▲ 米兰大教堂在装饰及设计方面，显得相当细腻，极富艺术色彩。登上教堂的顶部可以鸟瞰米兰市的风光。

充满艺术色彩

米兰大教堂本身就可以说是一个艺术品。教堂大门内的日晷是 1786 年建造的，阳光自堂顶射入时，随着地球的旋转，阳光的移动，一年四季均可准确指出每天的正午时刻。

五大铜门

教堂共有 5 扇铜门，它们分别表现的是君士坦丁皇帝的法令、圣·安布罗吉奥的生平、圣母玛丽亚的一生、从德国皇帝菲德烈二世灭亡到莱尼亚诺战役期间米兰的历史和圣·卡罗·波罗梅奥时代以来大教堂的历史。

令孩子着迷的100个人工奇观

文艺复兴之花——佛罗伦萨大教堂

宗教圣堂

文艺复兴之花——佛罗伦萨大教堂

长久以来，佛罗伦萨大教堂一直被人们认作是意大利文艺复兴时期第一个作品，也是整个文艺复兴运动中的一朵奇葩。因为其明快的色彩和高耸巨大的穹顶，成为一代又一代历史学家、建筑师、学者和诗人们魂牵梦绕的地方。

地理位置

佛罗伦萨大教堂位于今天意大利佛罗伦萨市的杜阿莫广场和相邻的圣·日奥瓦妮广场上，由圣玛丽亚大教堂、乔托钟楼和圣乔瓦尼洗礼堂组成。

意大利名城佛罗伦萨是欧洲文艺复兴的发源地，堪称文艺复兴时期诗歌和绘画的摇篮。佛罗伦萨保留了众多的世界文化遗产，其中最著名的就是佛罗伦萨大教堂。

大教堂

大教堂是整个建筑群的主体部分，始建于1296年，建成于1462年。教堂平面呈拉丁十字形状，本堂宽阔，最长处达153米。整个建筑群中最引人注目的是中央穹顶，仅中央穹顶本身的工程就历时14年，顶高107米，穹顶的基部呈八角平面形，平面直径达42.2米。

钟塔和洗礼堂

钟塔和洗礼堂也是很精美的建筑，钟塔高88米，分4层；建于1290年的洗礼堂高约31.4米，建筑外观端庄均衡，以白、绿色大理石饰面。与其华丽的外表相对应，登464级台阶可以到达圆屋顶，从这里还能眺望佛罗伦萨的街景。

浮雕

佛罗伦萨大教堂还是一座藏有许多文艺复兴时期艺术珍品的博物馆。收藏的珍品中有意大利雕刻家道纳太罗的作品《先知者》雕像，大理石浮雕《唱歌的天使》是意大利雕刻家戴拉·罗比亚的作品。意大利雕刻家狄·盘果约1420年在大教堂侧门上雕刻了《圣母升天图》。

教堂中的绘画

大教堂内陈列着各种绘画，其中有一幅1465年画的但丁像。许多画家在此学习人体的透视画法和各种姿势，其中有达·芬奇、米开朗基罗、马基雅弗利、伽利略等一代历史巨人。

知识小笔记

- 位 置：欧洲
- 国 家：意大利
- 特 色：高大的中央穹顶，把文艺复兴时期的屋顶形式和哥特式建筑风格完美地结合起来

佛罗伦萨大教堂建筑的精致程度和技术水平超过古罗马和拜占庭建筑，其穹顶被公认是意大利文艺复兴式建筑的第一个作品，体现了奋力进取的精神。

令孩子着迷的 100 个人工奇观

石头的神话——圣瓦西里大教堂

No.034

宗教圣堂

石头的神话——圣瓦西里大教堂

圣瓦西里大教堂因独特的外貌和华美的色彩而闻名于世。它是显示 16 世纪俄罗斯民间建筑艺术风格的丰碑。站在红场的一端远望，圣瓦西里大教堂就如同童话中美丽公主所居住的宫殿一般，令人心潮澎湃，无限遐想。

莫斯科的象征

被誉为"一个石头的神话"的圣瓦西里大教堂，位于莫斯科红场的南面，是当年伊凡雷帝和都主教马卡里为庆祝对喀山汗国战争的胜利而下令建造成的。现在，它也成为了莫斯科一个最具特色的象征。

★圣瓦西里大教堂是全世界建筑中最美丽的作品之一。这座风格宏伟的建筑，要体现的是俄罗斯人战胜鞑靼人的豪情，因为它的存在，人们走过广场，都会回忆起战胜入侵者的光荣。

知识小笔记

- 位 置：欧洲
- 国 家：俄罗斯
- 特 色：富于创意的形式，色彩与精妙绝伦的结构完美结合

建筑结构

圣瓦西里大教堂由 9 座相连的八边形塔楼巧妙地组合为一体，中心塔从地基到顶尖高 47.5 米，其余 8 个较低的塔楼极巧妙地排列在中心塔楼的周围。据说，8 个塔楼上的 8 个圆顶分别代表一位喀山战役期间的圣人，中间那座最高的圆顶则象征着上帝的至高地位。

建筑特色

不像西欧的教堂有正面、侧面和背面之分,圣瓦西里教堂的任何一面都是正面,西方教会的教堂的平面是纵长横短的十字,而东正教教堂的平面是呈正"十"字形的,这与它的正八边形结构很吻合。

▲ 一幅描绘瓦西里大教堂的油画

▲ 色彩绚丽的"洋葱头"圆顶

美丽的圆顶

9座塔楼的圆顶色彩各不相同,配以塔身那完美的几何外形,凡是亲眼见过的人都会觉得,世上所有的美丽都集中在了这里。徐志摩曾说过,这教堂的花顶是"从未见过的一堆古怪的颜色和一堆离奇的式样",看着就"像是做了最古怪的梦"。

悲惨的故事

据说在圣瓦西里大教堂竣工后,它的精美绝伦使伊凡雷帝十分震惊。这个性格暴躁而残忍的沙皇命人将主持建筑师的眼睛弄瞎,为的是使他永远无法再造出同样的奇迹。

▲ 圣瓦西里大教堂内部

世界上最大的教堂——圣彼得大教堂

世界上最小的国家梵蒂冈拥有世界上最大的教堂,那就是圣彼得大教堂——一个历时120年才修建成功的教堂,它位于意大利首都罗马西北的梵蒂冈,是罗马天主教的中心教堂、欧洲天主教徒的朝圣地和梵蒂冈罗马教皇的教廷。

教堂的历史 >>>

圣彼得大教堂最初是由君士坦丁皇帝在圣彼得墓地上修建的,于公元326年落成。1506年,教皇朱利奥二世开始重建教堂,当时,意大利最优秀的建筑师布拉曼特、米开朗琪罗、德拉·波尔塔等相继主持过设计和施工,直到1626年11月18日,教堂才正式宣告落成。

教堂外观 >>>

大教堂的外观宏伟壮丽,正面宽115米,高45米,8根圆柱对称立在中间,4根方柱排在两侧。教堂的平顶上正中间站立着耶稣的雕像,两边是他的12个门徒的雕像一字排开,高大的圆顶上有很多精美的装饰。

知识小笔记
- 位 置:欧洲
- 国 家:梵蒂冈
- 特 色:天主教的中心教堂

▲ 圣彼得大教堂是文艺复兴运动里一颗闪亮的明珠，代表了文艺复兴建筑艺术的高潮，是人类文明史上的一座里程碑。

殿堂内部

整个殿堂的内部呈十字架的形状，在十字架交叉点处是教堂的中心，中心点的地下是圣彼得的陵墓，地上是教皇的祭坛，祭坛上方是金碧辉煌的华盖，华盖的上方是教堂顶部的圆穹，其直径42米，离地面120米，圆穹的周围及整个殿堂的顶部布满美丽的图案和浮雕。

圣彼得雕像

教堂门前左边树立着圣彼得高大的雕像，他神情自若、面带微笑，右手握着两把耶稣送给他的通向天堂的金钥匙，左手拿着一卷圣旨。他头上的卷发、脸上的皱纹、下巴上的胡须和身上的长袍都雕琢得非常细腻、逼真。

雕刻艺术三杰

教堂大殿内最引人注意的雕刻艺术杰作主要有三件，一是米开朗琪罗24岁时的雕塑作品《母爱》。二是贝尔尼尼的雕制的青铜华盖。三是圣彼得宝座，也是贝尔尼尼设计的一件镀金的青铜宝座。

令孩子着迷的100个人工奇观

独一无二的绝美建筑——蓝色清真寺

No.036

宗教圣堂

独一无二的绝美建筑——蓝色清真寺

在土耳其众多的清真寺当中,蓝色清真寺就像一颗璀璨的宝石,令文化古都伊斯坦布尔熠熠生辉,因为它是世界上唯一一座拥有6座尖塔的清真寺。当阳光透过彩色玻璃窗射到寺内那蓝色瓷砖铺就的墙壁上时,整个寺内空间呈现出一派祥和神秘的气氛。

🔶 优雅的外观 ▶▶▶

蓝色清真寺是伊斯坦布尔最大的圆顶建筑,它矗立在马尔马拉海和博斯普鲁斯海峡的海口处,整座建筑由大石头叠建,没有使用一根钉子。30多座圆顶层层升高,向直径达41米的中央圆顶聚拢,庞大而优雅。

▲ 蓝色清真寺的名字来源于清真寺墙壁所贴的一种土耳其烧制的蓝彩釉贴瓷,这些瓷片的蓝色使得整个清真寺内似乎都充满了蓝色。

▲ 蓝色清真寺是伊斯坦布尔的标志性建筑

🔶 建造历史 ▶▶▶

蓝色清真寺建造于17世纪,是建筑师奉苏丹之命而建造的。据说,在交待任务时,苏丹让建筑师将宣礼塔建成金质的。土耳其语中,"金"与"六"发音相近,建筑师误以为苏丹要他建6个宣礼塔。结果就出现了这座与众不同的、世上唯一有6座宣礼塔的清真寺。

建筑特点

从空中往下看,蓝色清真寺被包围在一片葱茏的树丛中,6个高高耸立的尖塔分三排对称地立于长方形寺院的四角和中腰,主殿上是层次分明、大小不一的大圆顶,后院则是大小和形状都一样的小圆顶。白色的建筑与绿色的树林构成了一幅十分美丽的图案。

◀ 蓝色清真寺内部

内部结构

寺院共有8个入口,分布于宽阔的院子的三个方位,使人们从其中的任一个方位都可以进入。走过由大理石铺成的三道门,便进到内庭,里面粉红砾石、大理石或斑岩的大石柱之间以拱门相连接。用于洗礼的喷水池则占据了内庭的中心。

知识小笔记

位 置:欧洲
国 家:土耳其
特 色:建造时没有使用一根钉子

巴塞罗那的丰碑——神圣家族教堂

坐落在西班牙名城巴塞罗那市的神圣家族教堂，是建筑大师高迪倾尽毕生之力所创作出来的结晶，它也成为巴塞罗那的一个象征。这个宏大的工程，在整个人类建筑史上是独一无二的，它是一部充盈着幻象、传奇和神话的鸿篇史诗，无愧于"巴塞罗那的丰碑"的称号。

建筑结构

神圣家族主体由18座雄伟高塔组成，中央170米高的那座塔代表耶稣·基督，周围环绕的4座130米的大塔楼代表4位福音传道者。北面的1座后塔高140米，代表圣母，其余12座塔100米高，代表耶稣的12门徒。

侧面浮雕

教堂侧面的浮雕分别被称为"诞生立面""复活立面"和"荣耀立面"。"诞生立面"描述基督降生，"复活立面"则以耶稣最后的晚餐为主题。当年高迪为了要求雕像姿态的完美，从犹大到国王，从天使到圣徒，每张面孔都根据真人模特来雕刻。

漫长的建造过程

高迪自1883年起主持教堂的设计、建造工程,并为之倾注了毕生的心血。神圣家族教堂没有具体的设计稿,只有高迪完成的一个完整的模型。今天,已经是第五代建筑师在这个工地上忙碌。据保守估计,教堂的建设在资金稳定供应的情况下还要十多年才能完工。

未完成的神圣家族教堂已经经历了一个多世纪的风雨。如今,现代化的塔吊仍然忙碌于教堂的上空。

 知识小笔记

位　置：欧洲
国　家：西班牙
特　色：新哥特风格,运用曲线理念

教堂入口处的雕塑

曲线理念

高迪曾说:"直线属于人类,曲线归于上帝。"这句话在神圣家族大教堂上体现得淋漓尽致:螺旋、锥形、双曲线、抛物线……各种曲线变化层出不穷,组成一座充满韵律动感的神圣建筑。

天才的建筑师

1878年,高迪获得了建筑师的称号,他还设计了贵尔公园、巴特洛住宅、米拉宫等著名建筑。他作品中的17项被西班牙列为国宝级文物,3项被联合国教科文组织列为世界文化遗产。

挪威人的骄傲——乌尔内斯木教堂

挪威境内有许多木制的教堂，这些教堂不仅是各种宗教建筑中最为独特的一种，更成为了挪威人的骄傲。而其中的乌尔内斯木教堂是现存木板教堂中最著名的一个。它不仅建造年代久远、装饰漂亮，并且向人们揭示了"黑暗"木头建筑艺术的发展情况。

悠久的历史

考古发现表明，这种木板教堂是在北欧尚未基督化以前修建的，那时候，正是木板教堂建筑盛行的年代。乌尔内斯木教堂历史可追溯至公元1050年。

➤ 教堂门口的木质十字架，虽然历经风雨，却仍旧牢牢地固守着自己的位置。

➤ 木板教堂，顾名思义，建造教堂的材料就是木板，而乌尔内斯木教堂是这种建筑的最好体现。

教堂的结构

教堂为四方形的3层建筑，全部用木材建造，每层都有陡峭的披檐，上有尖顶，外形很像东方式古庙。它和一般的圆木建筑教堂不同，是用垂直的柱子和木板支撑，将每根柱子和外壁的厚板分别垂直嵌入底梁和上梁，不使用一根钉子或螺丝。

🏛 教堂内的装饰

教堂内的装饰让人目不暇接，四围暖色系的老松木主导着教堂的色调，经历几个世纪的华丽的水晶灯依然散发着迷人的光泽，唱诗班中主教的座椅、耶稣及圣母等雕刻都可以追溯到中世纪。

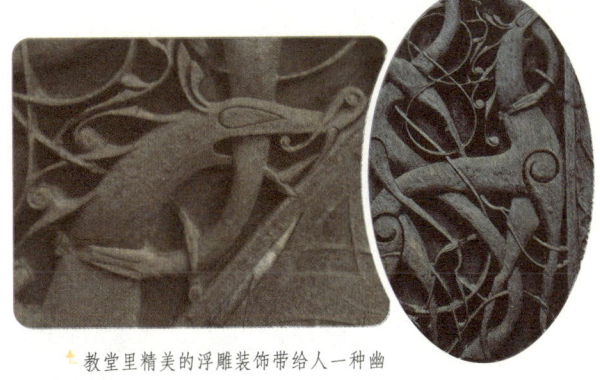

🏛 精美的浮雕

教堂里保存有许多12世纪的精美木雕画，其中不少是方形的浮雕板，周围有人像浮雕装饰，还有雕有叶饰和龙饰的墙裙。其中有一组从另一座历史更为久远的建筑物上拆卸来的浮雕，非常精美。

教堂里精美的浮雕装饰带给人一种幽邃的感觉

🏛 私家教堂

乌尔内斯木教堂是当地一个大户人家的私家教堂，其精湛的木雕艺术显示了工匠们的高超技艺，并且工匠们很了解当时的国际建筑潮流，巧妙地将石砌建筑的风格转用到木制建筑上。

note 知识小笔记

位　置：欧洲
国　家：挪威
特　色：全部采用木质结构，是木质建筑的典范

民族独立的象征——耶稣山

耶稣山位于巴西最大城市里约热内卢市，山上树木繁密，气候宜人。然而，使耶稣山成为万众瞩目焦点的是山顶的那座耶稣像。正对大西洋的耶稣双臂伸展，把他的怜悯与博爱洒向世界，也欢迎来自世界各地的游客，是巴西人民热情接纳和宽阔胸怀的象征。

建造历史

1922年，巴西迎来了独立100周年的纪念日，以天主教为主要宗教的巴西决定修建一座耶稣像以兹纪念。于是，经过精心设计、施工，1931年，历时5年的的耶稣像终于矗立在了耶稣山山顶。

▶ 巨大的耶稣塑像在全市的每个角落均可看到

▶ 耶稣山已经成为里约热内卢市的标志之一，许多电影导演也都来此取景。

高大的塑像

耶稣像由法国赠送，头和手在法国制造，分别海运至里约热内卢。塑像高38米，重1 000多吨，基座面积约100平方米，石像两臂张开，左右两手手指顶端之间距离达28米。耶稣山是里约热内卢市的象征之一，在里约热内卢的各个角落都能看到。

顶礼膜拜之地

巴西是世界上最大的天主教国家，全国 90% 以上的人信奉天主教，在耶稣像建成 50 周年时，巴西朝野和罗马教皇二世在此举行了盛大的庆祝活动。在耶稣像下设立的小教堂，更是无数信徒前来膜拜时的祷告之地。

▲游客可乘坐蒂胡卡国家森林公园的小火车欣赏公园内的美景

蒂胡卡国家森林公园

耶稣山脚下是占地 1 平方千米的蒂胡卡国家森林公园，生长着 5 000 多种巴西原生植物。在这片充满热带风光的原始森林中，并没有上山的道路，游客要想到山顶观瞻耶稣雕像，必须乘坐电动齿轮小火车上山，因此山下的原生植物保护得格外好。

中巴人民友谊的象征

在公园里有一座玲珑别致的中国式凉亭，形似中国的八角亭，八个檐上雕刻着色彩艳丽的飞龙。这座凉亭是地方当局为了表彰华工在巴西培植中国名茶的功绩而修建的，现在凉亭已经成为中巴两国人民友谊的象征。

note 知识小笔记

位　置：南美洲
国　家：巴西
特　色：巨大的雕像建在山顶之上

非洲的奇迹——拉利贝拉石凿教堂

在埃塞俄比亚，拉利贝拉的 11 座用整块的红色火山石雕凿而成的石凿教堂最负盛名，它们外观造型惊人，内部装修独特。拉利贝拉岩石教堂是公元 12～13 世纪基督教文明在埃塞俄比亚繁荣发展的非凡产物。

教堂的历史

公元 12 世纪末至 13 世纪初，统治罗哈一带的拉利贝拉国王控制着今埃塞俄比亚北部和周围的广大地区。依仗强大的国力，这位笃信基督教的国王集中 5 000 名工匠，花了 30 年时间，凿成这批教堂，并且以国王拉利贝拉的名字命名。

▲ 拉利贝拉教堂都是由整块岩石雕刻凿成，所以它的布局比例、风格各有特色。

俯视的教堂

人们通常是仰视教堂，而在拉利贝拉教堂则变成了俯视。这些教堂坐落在岩石的巨大深坑中，教堂顶端几乎没有高出地平面。每个教堂都由围墙围绕着，游客在里面可沿着在石灰岩上开凿的小径和隧道网四处漫游。

救世主教堂

11座整岩教堂中最具特色的是救世主教堂。它是埃塞俄比亚唯一一个有5个中殿的教堂，其中3个中殿分别面向东、北和南面，这是按长方形廊柱大厅式基督教堂所修建。教堂呈东西向，隔成八间，支撑半圆形拱顶的支柱成行排列其间。

玛利亚教堂

玛利亚教堂的内部建筑精美，天花板和拱门用红黄绿色几何图案从上到下覆盖，如希腊十字、星形和圆花饰。壁画题材有动物，如鸽子、凤凰、孔雀、大象以及圣母玛利亚的生活场景。而主门上是两个骑手杀死一条龙的浅浮雕，是埃塞俄比亚少见的珍贵雕塑。

◆ 玛利亚教堂

◆ 当年拉里贝拉国王动用如此大的人力物力，造就如此奇迹，固然是出于对宗教的虔诚，但也是天时、地利使然，既为形势所迫，也充分利用了地理环境。

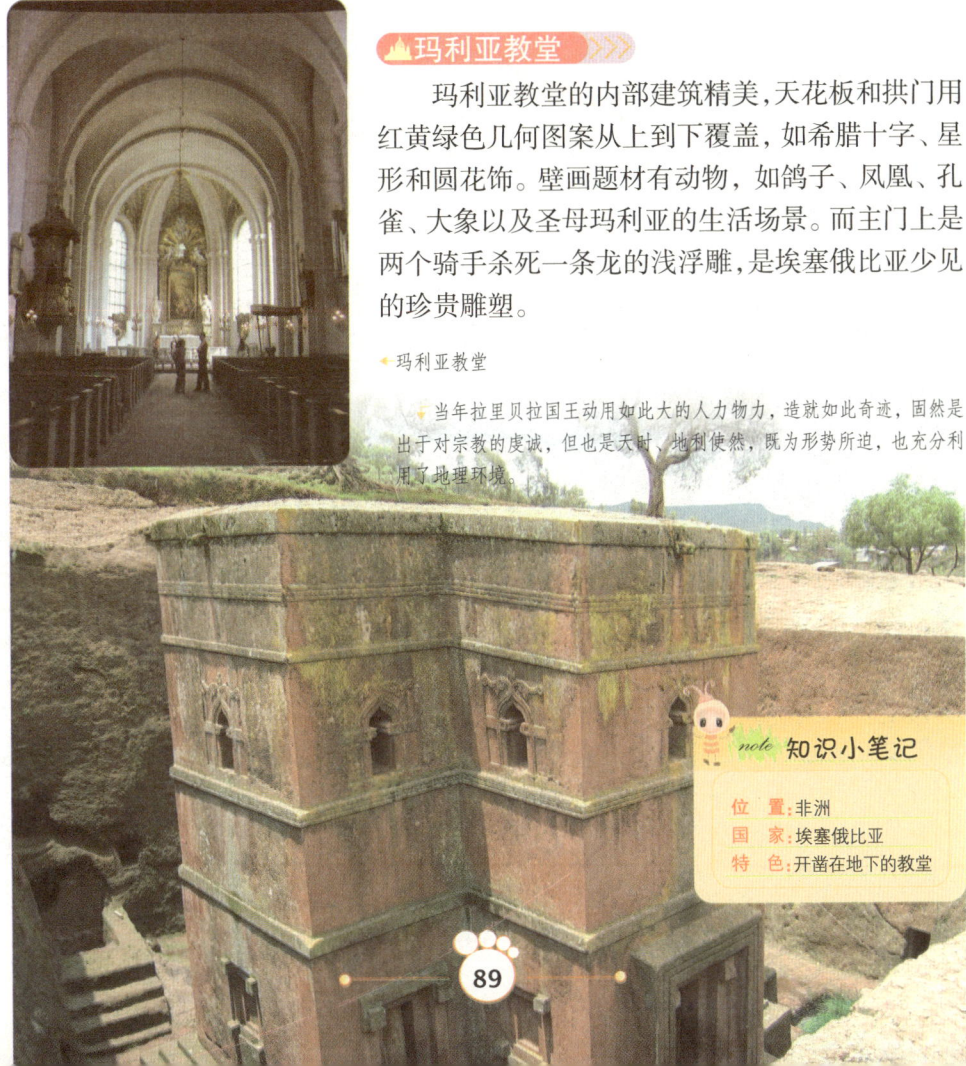

知识小笔记

位　置：非洲
国　家：埃塞俄比亚
特　色：开凿在地下的教堂

令孩子着迷的 100 个人工奇观

令孩子着迷的 100 个人工奇观

浩荡工程

在人类的发展历程中，一座座拔地而起的浩荡工程是人类与大自然抗争的见证，是人类智慧与勇气的象征。它们或者映射了一场场波澜壮阔的战争，或者彰显了一代帝王的千秋伟业，或者诉说着一段动人的故事……而有些工程的诞生更是加速了人类文明的进程。

令孩子着迷的 100 个人工奇观

东方巨龙——长城

在上下两千年的漫长历史岁月，长城有如一条土石身躯的巨龙在中华大地腾起，在地球上留下了蔚为壮观的人工建筑遗存。在长城身上所蕴藏了中华民族 2 000 多年光辉灿烂的文化艺术，积淀和凝聚了丰富而深刻的思想内涵，熔铸了中华民族的伟大民族精神。

地理位置 >>>

长城位于中国的北部，它东起辽宁虎山，西至内陆地区甘肃省的嘉峪关。横贯辽宁、河北、天津、北京、内蒙古、山西、陕西、宁夏、甘肃等9个省、市、自治区，全长 8 851.8 千米，故有"万里长城"之誉。

▲ 长城上分布着上百座关口，上千座烽火台。

▲ 蜿蜒的长城起伏于云海之间，初升的太阳照耀着长城上每一块秦砖汉瓦。

长城的历史 >>>

春秋战国时代，中国北方的匈奴经常骚扰南部周边的几个诸侯国。战国七雄中的秦、赵、燕为了防御，都在自己的边界修筑了长长的城墙。后来秦始皇统一六国，他把原有的三段城墙连接了起来，形成了长城最早的雏形。人们习惯性地称其为"秦长城"。

令孩子着迷的100个人工奇观

明长城

秦朝以后的历代王朝都对长城进行了或大或小的修建,明朝是中国历史上最后一个修筑长城的朝代,也是长城防御工程技术发展达到登峰造极的时代。我们现在所见的长城主要是明朝建筑。

完整的军事防御工程

绵延万里的长城并不只是一道单独的城墙,而是由城墙、敌楼、关城、墩堡、营城、卫所、镇城烽火台等多种防御工事所组成的一个完整的防御工程体系,堪称古代建筑史的奇观。

▶ 长城的修建伴随着多少古代人民的血汗与艰辛,又有多少鲜活的生命埋葬在这巍峨的城墙之下。

八达岭长城

八达岭长城是万里长城最杰出的代表,在这里,长城如巨龙一般在崇山峻岭之间沿山脊蜿蜒曲折,烽火台和敌楼密布。长城的墙高7.8米,城顶宽7.8米。人们可以在此处登城领略长城的雄伟和工程的浩大、艰巨。

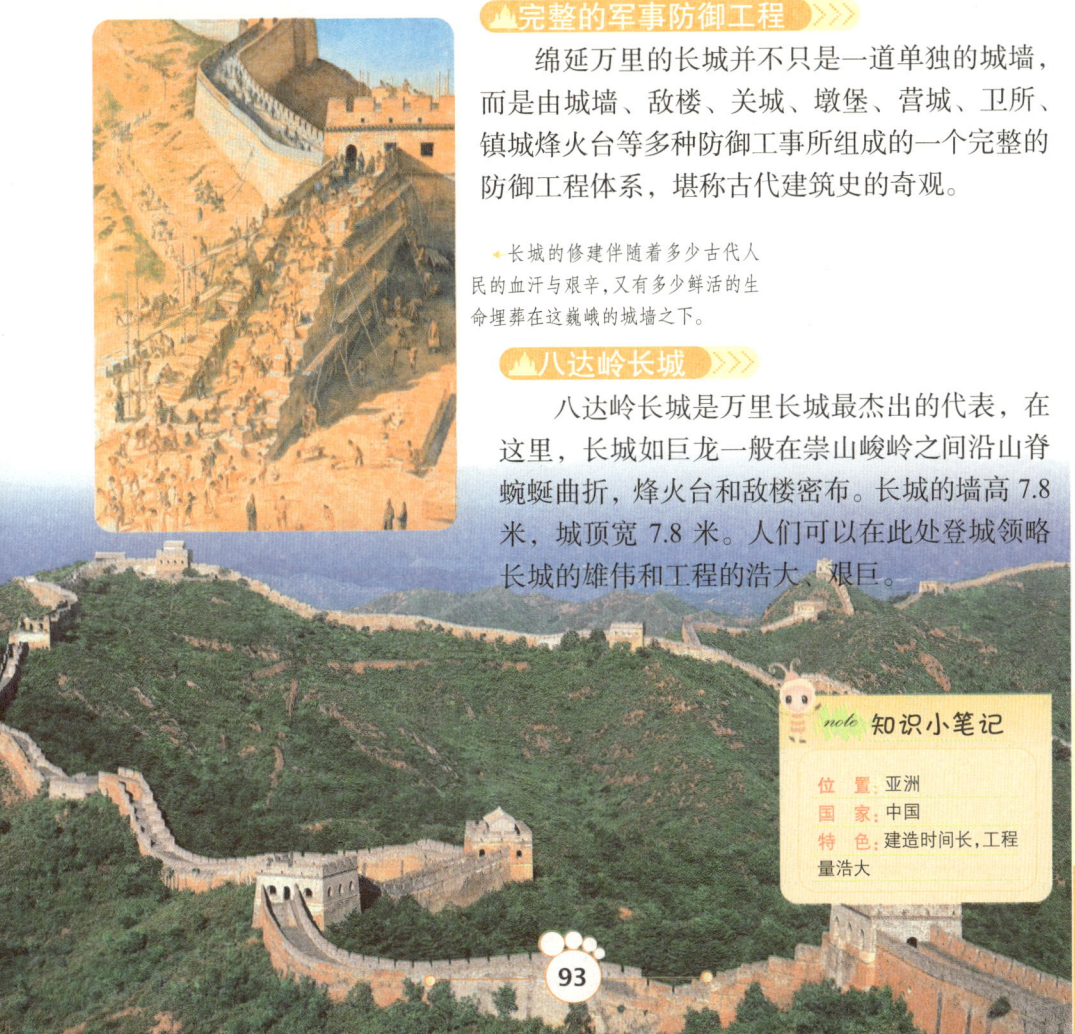

note 知识小笔记

位　置:亚洲
国　家:中国
特　色:建造时间长,工程量浩大

伟大的水利工程——都江堰

在成都平原西部的岷江上,有一座举世闻名的水利工程,它就是都江堰。迄今为止,都江堰是全世界年代最久、唯一留存、以无坝引水为特征的宏大水利工程,被誉为世界水利史上的璀璨明珠。

修建历史

秦昭王时期,岷江是一条经常泛滥肆虐的河流。秦昭襄王五十一年(公元前256年),秦国蜀郡太守李冰和他的儿子,吸取前人的治水经验,率领当地人民,主持修建了都江堰。

知识小笔记
- 位置:亚洲
- 国家:中国
- 特色:历史悠久,灌溉范围广阔

创造性的举措

为了修筑都江堰,李冰父子采取了许多创造性的举措。当时中国还没有发明火药,为了凿穿玉垒山引水,他们用火烧石头的方法使岩石爆裂,大大加快了工程的进度,最后在玉垒山凿出了一个宽20米、高40米、长80米的山口,即"宝瓶口"。

🏛 成就"天府之国" >>>

都江堰水利工程由创建时的鱼嘴分水堤、飞沙堰溢洪道、宝瓶口引水口三大主体工程和百丈堤、人字堤等附属工程构成，科学地解决了江水自动分流、自动排沙、控制进水流量等问题，消除了水患，使川西平原成为"天府之国"。两千多年来，一直发挥着防洪灌溉作用。

🏛 二王庙 >>>

都江堰的修筑，是一项彪炳史册的伟大功绩。2 000多年来，都江堰为天府之国带来的福泽一直为世人所崇敬、感激，人们在都江堰渠首东岸修建了二王庙，用以纪念李冰父子。二王庙从古至今一直香火鼎盛，每年民间都会举行祭典活动缅怀李冰父子的丰功伟绩。

◆ 李冰是战国时代著名的水利工程专家，他和儿子主持设计并建造了成都北部的都江堰，为成都平原成为天府之国奠定了非常重要的基础。

◆ 每年农历6月24日和6月26日，二王庙都会举行以李冰父子为主题人物的庙会活动。

🏛 安澜索桥 >>>

都江堰风景区有一著名的景点叫安澜索桥，也叫做"夫妻桥"，它位于都江堰鱼嘴堤之上，被誉为"中国古代五大桥梁"之一。据考证，安澜索桥始建于宋代以前，最初的材料主要是竹索。明末（公元17世纪）毁于战火。现在的桥为钢索混凝土桩。

第一个皇帝陵园——秦始皇陵

秦王朝是中国历史上辉煌的一页,秦始皇陵更集中了秦代文明的最高成就。秦始皇陵是中国历史上第一座帝王陵园,是我国劳动人民勤奋和聪明才智的结晶,也是一座历史文化宝库。它也是可以与古埃及金字塔和古希腊雕塑相媲美的世界人类文化的宝贵财产。

秦陵的历史

秦始皇是中国历史上一位杰出的政治家,13岁时即立为秦王,即位之时起就开始修陵园,到公元前208年完工,历时39年。今天,秦始皇陵位于陕西省西安市以东30千米的临潼区境内。

▶ 在秦始皇陵附近出土的铜车马,结构完整,装饰物齐全。

▲ 秦始皇画像

陵墓的规模

秦始皇的陵墓规模宏大,气势雄伟。陵园分内城和外城两部分。内城呈方形,周长3 000米左右,外城呈矩形,周长6 200余米。内、外城之间有葬马坑、珍禽异兽坑、陶桶坑;陵外有马厩坑、人殉坑、刑徒坑、修陵人员墓葬400多个。陵墓地宫中心是安放秦始皇棺椁的地方。

地宫内部

据《史记》记载,秦陵的地宫挖得相当深,曾穿透了三层地下水泉,并用铜浇铸以防渗水,还在地下模拟秦王朝36郡地貌,宫顶上刻画天文星宿之像,旁边堆满奇珍异宝,而且将水银注入可以活动的装置内,以表现江河横流、大海涌动的形象,用鱼油膏制成的蜡烛长明不灭。

▶秦陵园出土的青铜鹤,造型优美自然,其高度写实和个性凸显的艺术风格堪称秦代艺术的巅峰之作。

藏有暗器

秦始皇那巨大的棺材全用铜装饰。地宫中还设有文武百官的位次。因为怕有人盗墓,秦始皇还命令匠师设计安装了机关,如果有人胆敢接近,便会自动发射暗箭,致人于死地。

兵马俑的发现

20世纪70年代,在秦始皇陵东侧1.5千米处,当地农民在打井时偶然挖出一个陶制武士头。后经国家有关组织的发掘,终于发现了使全世界都为之震惊的秦始皇陵兵马俑。

▶秦始皇兵马俑

知识小笔记

位 置:亚洲
国 家:中国
特 色:巨大的规模、丰富的陪葬物居中国历代帝王陵之首

气势磅礴的陵寝建筑群——明十三陵

明十三陵记载着明朝的大部分历史，它作为中国古代帝陵的杰出代表，展示了中国传统文化的丰富内涵。明十三陵不仅是中国皇家陵墓建筑中的典范，还是中国古老历史的最好见证，它形象生动地描绘了明陵建筑与自然景观的有机结合。

地理位置

明十三陵坐落在北京西北郊昌平区境内的燕山山麓的天寿山。十三陵的陵墓有明朝16位皇帝中的13位，还埋葬了23位皇后以及数十名殉葬的皇妃。

建造历史

明十三陵的第一个陵墓长陵建于1409年，距今已有600年的历史，最后建造的思陵距今也有350多年的历史，也从一个侧面记录了明王朝盛衰兴亡的历史，更记录了明朝文化、历史、科技的发展状况。

从碑亭北的两根六角形的石柱起，至龙凤门止的千米神道两旁，整齐地排列着24只石兽和12个石人，造型生动，雕刻精细。

陵园的规模

明十三陵陵区面积约 40 平方千米,东、西、北三面环山,依山势建围墙。正门大红门开在南端,在各山口、水口处建关城和水门。大红门门北为总神道,直达长陵。陵园形制各陵自成陵园,规模大小不一,形制大致相同。陵园各建在山前,都有围墙,门前竖有无字石碑。

定陵的内部

知识小笔记

- **位 置**:亚洲
- **国 家**:中国
- **特 色**:陵墓依山傍水,布局庄重和谐

特色

明十三陵,既是一个统一的整体,各陵又自成一个独立的单位,陵墓规格大同小异。每座陵墓分别建于一座山前。在中国传统风水学说的指导下,明十三陵从选址到规划设计,都十分注重陵寝建筑与大自然山川、水流和植被的和谐统一,用以体现"天人合一"的哲学观点。

考古发掘

在各陵中,仅定陵于 1956 年进行了考古发掘,其他陵寝墓室建筑均保存完整。各陵陵前的神道,主神道的石牌坊、大红门、神功圣德碑亭、石像生、龙凤门等主要建筑都保持原来的风貌。

完美的艺术珍品——泰姬陵

泰姬陵是印度莫卧儿王朝第五代君主沙·贾汗为爱妻泰姬修筑的陵墓，其建筑集中了印度、中东及波斯的艺术特点，整座建筑体形雄浑高雅，轮廓简洁明丽，堪称世界上完美艺术的典范，也是世界上最优美的伊斯兰式建筑。

建筑结构

泰姬陵在今印度距新德里200多千米外的阿格拉城内，背依亚穆纳河，整座陵园长576米、宽293米，占地17万平方米，由前庭、正门、莫卧儿花园、陵墓主体以及两座清真寺所组成，四周是红砂石墙。

◀ 沙·贾汗统治时期，加强中央集权，扩建军队，平定了德干各国的叛乱。

月色下的泰姬陵

据称，泰姬陵最美丽的时候是朗月当空的夜晚。白色的大理石陵寝，在月光映照下会发出淡淡的紫色，此时的泰姬陵显得格外高雅别致和皎洁迷人，犹如美人泰姬在含情沉思。

▲ 泰姬陵是印度古代文明和绚丽文化的缩影

令孩子着迷的100个人工奇观

清真寺 >>>

在主体建筑两旁各有一座清真寺,以红砂岩建造而成,顶部是典型的白色圆顶,而兴建这两座清真寺的主要目的是为了维持整座泰姬陵建筑的平衡效果,以达到对称之美。

▶ 泰姬陵旁边的清真寺

莫卧儿式花园 >>>

莫卧儿式花园是一个典型的波斯式花园,位于主体前方,中央有一条清澄水道,水道两旁种植有果树和柏树,分别象征生命和死亡。这些树木把花园划分成4个同样大小的长方形,因为"4"字在伊斯兰教中有着神圣与平和的意思。

▶ 泰姬陵的主体建筑呈八角形,中央是半球形的圆顶,主体都以沙·贾汗最喜欢的白色大理石所建,并且大理石上镶满了翡翠、水晶、玛瑙、红绿宝石等,它们拼缀成美丽的花纹与图案。

note 知识小笔记

位　置:亚洲
国　家:印度
特　色:全部用纯白色大理石建筑,用玻璃、玛瑙镶嵌

令孩子着迷的 100 个人工奇观

第一个花园式陵墓——胡马雍陵

胡马雍陵是印度现存最早的莫卧儿式建筑,也是伊斯兰教与印度教建筑风格的典型结合。整个建筑庄严宏伟,为印度乃至世界建筑史上的精品。陵园内景色优美,棕榈、丝柏纵横成行,芳草如茵,喷泉四溅,实际上是一个布局讲究的大花园。

地理位置

胡马雍陵位于印度首都新德里的东南郊,是莫卧儿王朝第二代皇帝胡马雍的陵墓。该陵墓建于 1556 年,1569 年初建成。整个陵园坐北朝南,平面呈长方形,四周环绕着长约 2 千米的红砂石围墙。

▲ 胡马雍陵内部华丽的装饰风格,一扫伊斯兰陵墓过于灰暗、阴森的风格。

▲ 胡马雍陵是大莫卧尔帝国创始人巴布尔大帝之子胡马雍及其皇妃的陵墓

陵墓的结构

陵园正中是其主体建筑——高约 24 米的正方形陵墓,它耸立在 47.5 立方米的高大石台上。陵墓四周有 4 座大门,门楣上方呈圆弧形,线条柔和;四壁是分上下两层排列整齐的小拱门;陵墓顶部中央有优雅的半球形白色大理石圆顶。

令孩子着迷的 100 个人工奇观

🏛 陵寝内部 >>>

胡马雍和皇后的石棺安放在寝宫正中，两侧宫室放着莫卧儿王朝 5 个帝王的石棺。从红砂石精细的镂花、花园式的内景到四周墙壁上的拱型大门，这一切构成典型的莫卧儿风格。

▶ 胡马雍陵的入口

🏛 里程碑式的建筑 >>>

印度的建筑在莫卧儿帝国时期达到了登峰造极的程度，胡马雍的陵墓是阿克巴时代莫卧儿建筑风格发展中一个突出的里程碑。它巧妙地融合了伊斯兰建筑和印度教建筑的风格，开创了伊斯兰建筑史上的一代新风。

🏛 影响 >>>

据说，泰姬陵就是仿照胡马雍陵建造的。不管这种说法是否属实，人们确实可以从这两处建筑看出相似的风格，也能够体会到两者的师承关系。

▶ 胡马雍陵可与泰姬陵相媲美，其整个建筑群规模宏大，布局完整。

note 知识小笔记

位　置：亚洲
国　家：印度
特　色：伊斯兰教建筑的简朴和印度教建筑的繁华的巧妙融合

雄心勃勃的防线——哈德良长城

哈德良长城象征着古罗马帝国曾经的辉煌,也是罗马人在英国修建的具有重要意义的纪念碑。它所穿过的地区既有贫瘠的荒地,也有英国最美丽的风景区,即便按典型的罗马帝国宏伟标准来衡量,它仍是一项惊人的雄心勃勃的建筑工程。

地理位置 >>>

哈德良长城位于英国东北部,它建造于公元122年,由古罗马皇帝哈德良下令修建,作为罗马帝国北部疆界。长城全长约120千米,几乎朝向正西方,从泰恩河畔沃尔森德到索尔威湾,途径英国北部两个重要城市——纽卡斯尔和卡莱尔。

◀ 逶迤的哈德良长城

◀ 随着时间的推移和人为的破坏,今天的哈德良长城留给我们的只是一段段残缺不全的墙基。

城墙 >>>

城墙高约4.6米、底宽3米,用约75万立方米的石头砌成,上面筑有堡垒、瞭望塔等。这些防范用的堡垒个个好像铁桶,除了用来监视敌情用的瞭望口外,其他部分都密不透风。

令孩子着迷的 100 个人工奇观

🏛 壕沟 >>>

城墙的南北两侧挖有壕沟，约 3 米深、9 米宽。南壕沟离城墙较远，两侧各有一道高土屯，高土屯与城墙之间有一条军用道路。北壕沟离城墙较近，两侧无高土屯。

▲ 面对这些仅存的遗迹，我们不仅会回想起罗马帝国那曾经的荣耀，也会不由地感叹岁月的变迁。

🏛 里堡 >>>

长城每隔约 1 400 米建有一座里堡，每座里堡大概能容纳 60 人。在两座里堡之间有两座塔楼作为哨所，如果有敌情，守卫者能很快地以火光为信号，并沿长城传递，就如同中国长城的烽火那样。

▲ 哈德良长城从未发生过太大的战事，也没有太多的英雄传奇，它更像是一个形象工程，代表了罗马帝国的富庶和强大。

知识小笔记

位　置：欧洲
国　家：英国
特　色：横贯不列颠北部，规模宏伟

古罗马建筑的杰作——加尔桥

建筑水槽是罗马时代城市建设的特点之一。至今保存完好的加尔桥是罗马水道桥中规模最大的一座，它无论在形式上还是结构上，都充分体现了罗马帝国建筑的辉煌气势和精湛的工艺技能，被人们誉为建筑上的"最崇高的乐章"。

地理位置 >>>

加尔桥位于法国南方加尔省的普罗旺斯地区，它原是古罗马帝国时期修建的高空引水渡槽。加尔桥是从法国南方尤塞斯镇到尼姆市50千米引水渠的重要组成部分和标志性建筑。

← 千年以前的古罗马人能够奉献给世人如此壮观的人工奇迹，着实令人叹为观止。

← 已被列为世界文化遗产的加尔桥，通体看来，造型优美，气魄宏伟，且结构相当合理，极富使用价值。

桥的结构 >>>

加尔桥高49米，长274米，有上中下三层叠拱，下层6孔，最大1孔跨于河上，这一层供行人、马车通行，后来改造为公路；中层一共有11个拱门，上层为输水的渡槽，排有35小拱。

🏛 桥的特点 >>>

为了抵御洪水，加尔桥的桥身呈轻度曲线，并在桥墩底部建有分水角，以减轻洪水对桥的冲击。为了保障水能够自然地流向城市，加尔桥高架水渠略呈倾斜，据说它从远处的水源地尤赛斯到尼姆城出水口约有17米落差，日供水量可达2万立方米。

🏛 桥的历史 >>>

加尔桥建于公元1世纪，建成与使用有近500年的时间。到公元4世纪左右，罗马帝国衰亡，水渠因水垢而被堵塞，逐渐废弃而不再使用。后来，人们加宽了底层，成为可以行车的名符其实的桥，被人们世代保护下来。

▸ 加尔桥内部

🏛 桥梁建筑的典范 >>>

令人惊奇的是，这座历经2 000年洪水、战乱和社会变迁的桥梁至今依然保存完好，1958年千年一遇的洪水水位曾达到桥渠的第二层，造成35人死亡，而该桥却安然无恙，不能不令人惊叹古罗马建筑师们的鬼斧神工。

note 知识小笔记

位　置	欧洲
国　家	法国
特　色	集观赏性与实用性为一体的水利工程

希腊的"黄金水道"——科林斯运河

希腊的伯罗奔尼撒半岛是古希腊文明的重要发源地之一,在希腊历史文化发展中有着重要的地位。被誉为希腊"黄金水道"的科林斯运河虽然是在近代开凿的,但它的雏形却早在古罗马时期就已经出现了。

🏛 运河概述 >>>

科林斯运河长 6.3 千米,上宽仅 26 米,下底宽 21.8 米,水深 8 米,横穿科林斯地峡。它将伯罗奔尼撒半岛与希腊大陆分割开来,使得伯罗奔尼撒半岛实际上成为了一个岛屿。

◀ 随着历史的变迁,今天的科林斯运河已经丧失了其建造时的意义。左图为科林斯运河纪念碑。

▲ 科林斯运河深深的、笔直的岩壁。

🏛 缩短航程 >>>

科林斯运河将爱琴海和伊奥尼亚海连接起来,使航船不用绕行伯罗奔尼撒半岛,航程缩短了 300 千米。运河上方有公路、铁路两用桥,连接科林斯湾和撒罗尼加湾,是伯罗奔尼撒半岛通往欧洲大陆必经的要道。

运河的历史

连通爱琴海和伊奥尼亚海的想法源于古代，但直到公元67年，罗马皇帝尼禄统治期间，运河才开始挖掘。由于帝国的其他地区发生动乱，工程于公元68年停工。直到19世纪末，一家法国公司开始修建运河，1893年，希腊政府完成了修建运河的工程。

▲ 科林斯运河修建时的情景

开凿最深的运河

科林斯地峡在地质上是一座岩石丘陵，离海平面的高度有84米，因此，科林斯运河是世界上开凿最深的运河，并且是极少数在坚硬石区开凿出来的运河之一。

▲ 如今，每年都有50多个国家的近万条轮船驶过这里。

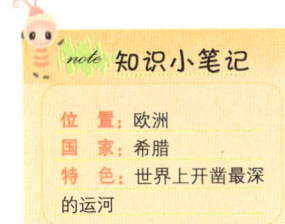

note 知识小笔记

位　置：欧洲
国　家：希腊
特　色：世界上开凿最深的运河

▲ 相对于今天船的大小来说，只有小的船才能通过科林斯运河。

狭窄的水道

从远处看，科林斯运河像一条狭窄细长的水道，但当船只逐渐靠近并进入运河以后，它的规模才显现出来。然而，对于容纳现代航运中的超级油轮和集装箱船而言，科林斯运河还是太小了。

令孩子着迷的100个人工奇观

荷兰精神的象征——东斯海尔德大坝

自古以来，荷兰就是一个低洼的国家，境内1/4的土地低于海平面。荷兰的历史便是与水抗争的历史。东斯海尔德大坝如同一座坚不可摧的屏障，保护着荷兰这片土地上数以万计的人的生命。它不仅是荷兰三角洲工程中最大的大坝，也是迄今世界上最大的防潮工程。

三角洲工程计划

1953年2月1日，北海水冲过堤坝，席卷了荷兰南部大面积的土地。荷兰政府立即决定采取措施来保护这片土地，使它不致遭受另一次洪水侵袭，并提供出了三角洲工程计划。准备在东斯海尔德3条河交汇的主要河口修筑几条小坝和一条大坝。

▲ 东斯海尔德大坝航拍图

修改方案

原计划采用建坝方式进行封堵，但因生态保护的呼声日益高涨，所以为了既能保持原有自然生态环境，又能保证人民生命安全，设计单位修改了原方案，修建开敞式挡潮闸：即平时闸孔敞开，风暴时将闸门关闭挡潮。

▲ 壮观的东斯海尔德大坝

挡潮闸

这座闸共有 65 个预制钢筋混凝土闸墩，62 孔闸门，每孔宽 45 米，连绵 9 千米，横亘在东斯海尔德河的河口处。闸门采用液压启闭，并配备有自动控制操作及监测系统。该闸于 1987 年投入运行。

东斯海尔德大坝是人类与自然抗争的见证，它必然又是人类建筑史上一个新的奇迹。

造福人类的工程

三角洲工程在设计时是从千年一遇的风暴潮来考虑的，为保证防潮闸门的正常运行功能，每年需在水道相对空闲时演习一次。工程总投资约 9 亿美元，它的建成使位于三角洲附近的鹿特丹地区 100 多万居民免受风暴潮灾害之苦。

与大海抗争的民族

从 13 世纪至今，荷兰的土地面积因海水侵蚀减少了 5 600 平方千米。一直同大海进行不屈不挠斗争的荷兰人民经过几个世纪的艰苦努力，终于建成了总长度达 1 800 千米的堤坝，向大海索回了 7 000 平方千米的土地。

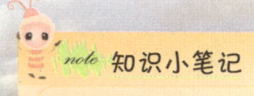

知识小笔记

位置：欧洲
国家：荷兰
特色：既可防洪也能保护生态环境

古埃及文明的杰作——埃及金字塔

埃及是世界四大文明古国之一，金字塔是古埃及文明的代表作，作为古埃及的最高统治者法老的陵墓，它经受住了千年岁月的考验，至今依然屹立在沙漠之中。现在，埃及境内已发现138座金字塔，其中规模最大的是被喻为"世界古代七大奇迹"之一的胡夫金字塔。

古老的金字塔

金字塔是古埃及法老和王后的陵墓，这种陵墓是用巨大石块修砌成的方锥形建筑，因形似汉字"金"字，故译作"金字塔"。在埃及境内发现的所有金字塔中，吉萨高地的祖孙三代金字塔——胡夫金字塔、海夫拉金字塔和门卡乌拉金字塔是最古老的金字塔。

胡夫金字塔是埃及现存的金字塔中最大的金字塔，被喻为"世界古代七大奇迹"之一。

胡夫金字塔

胡夫金字塔建于埃及第四王朝第二位法老胡夫统治时期（约公元前2670年），金字塔的4个斜面正对东、南、西、北四方，高度相当于一座40层的摩天大楼，塔底面呈正方形，占地5.29万平方米。

令孩子着迷的100个人工奇观

最伟大的石头建筑

胡夫金字塔的塔身由大小不一的 230 万块巨石组成，每块重量在 1.5～160 吨，石块间合缝严密，不用任何黏合物。据说，修建胡夫金字塔动用了 10 万人，花费 30 年的时间。

知识小笔记

位　置：非洲
国　家：埃及
特　色：数量众多，建筑宏伟

▶建造金字塔的想象图

◆金字塔内部机关复杂，有许多甬道通向不同的墓室，其中的一些墓室至今还没有被打开过。

金字塔的数字之谜

胡夫金字塔的底面周长 230.36 米，为 362.31 库比特（古埃及一种度量单位），这个数字与一年中的天数相近。原有高度 146.7 米（现已塌落至 136.5 米）乘以 10 亿，约等于地球到太阳之间的距离。金字塔 4 个底边长之和除以高度的 2 倍，即为 3.14——圆周率。

狮身人面像

海夫拉金字塔旁还雄踞一尊巨大的石雕——狮身人面像，高 21 米，长 73.5 米，光耳朵就有 2 米长。除了前伸达 15 米的狮爪是用大石块镶砌外，整座雕像是在一块含有贝壳之类杂质的巨石上雕成。

东方伟大的航道——苏伊士运河

苏伊士运河是世界上极为重要的一条国际航道,它连接红海与地中海,使大西洋、地中海与印度洋联结起来,大大缩短了从印度洋进入地中海的航程。苏伊士运河还是亚洲与非洲的分界线,扼守欧亚非三大洲的交通要冲,一直成为一处战略要地。

运河的历史

早在4 000多年前,古埃及的一位法老就曾经在尼罗河支流上开凿过一条运河。但到了公元8世纪,埃及出于军事上的考虑,法老运河又被堵塞了。17世纪时,法国人莱布尼兹首次提出开凿苏伊士运河的计划,直到19世纪,这一计划才变成了现实。

● 苏伊士运河是浩瀚沙漠中的一项震惊世界的伟大工程

运河的开凿

1859年4月25日,在所谓"国际苏伊士运河公司"的主持下,运河于北端的塞得港破土动工,1869年8月竣工,同年的11月17日通航。

收回运河主权

苏伊士运河完工后，一直被英法两国共管，埃及没有丝毫的管辖权力。这种局面持续了一百年。1956年，埃及总统纳赛尔下令收回运河主权，苏伊士运河才归埃及人民所有。

苏伊士运河位于埃及西奈半岛西侧，横跨苏伊士地峡，处于地中海侧的塞德港和红海苏伊士湾侧的苏伊士两座城市之间。

于1862年11月在伊斯梅利亚完成部分苏伊士运河开凿

东方伟大的航道

苏伊士运河建成后，大大缩短了从亚洲各港口到欧洲去的航程。例如，从广州到法国马赛经过苏伊士运河比绕道好望角航程可缩短9 197千米。100多年前，马克思就把苏伊士运河称之为"东方伟大的航道"。

知识小笔记

- 位　置：非洲
- 国　家：埃及
- 特　色：世界上最长的无船闸运河

血泪斑斑的运河

苏伊士运河是埃及人民用勤劳的双手为人类做出的伟大贡献，运河的历史是血泪斑斑的。据统计，苏伊士运河从挖掘开始到最后竣工，全部费用超过1 800万埃磅，成千上万的劳工为它献出了宝贵的生命。

旧金山的标志——金门大桥

金门大桥是一座巨型悬索桥,为旧金山的地标性建筑,它横跨于弗朗西斯科海湾的入海口,把旧金山城与北加利福尼亚连接起来。许多人都认为金门大桥是世界上最美的桥之一,也是最壮观的景色之一。

修建大桥

金门大桥于1933年动工,1937年5月竣工,用了4年时间和10万多吨钢材,耗资达3550万美元。金门大桥的设计者是工程师史特劳斯,人们把他的铜像安放在桥畔,用以纪念他对美国做出的贡献。

▲ 每当大雾笼罩时,大桥仿佛漂浮在半空中一般,令人觉得惊心动魄却又美不胜收。

▲ 金门大桥上川流不息的汽车

第一座悬索桥

金门大桥的桥墩跨距长1 280.2米,是世界上第一座跨距超过1 000米的悬索桥,宽度27.5米,双向共6个车道。金门大桥拥有世界第四高的桥塔,高达227.4米,全桥总长度是2 737.4米。大桥可抵抗12级狂风的袭击,桥面中部左右摆动幅度可达8米。

🔸不能停止的工作 >>>

金门大桥整座桥为橙红色，在大桥的维护工作中，给桥身不断涂刷油漆是其中一项内容，有趣的是，拥有38位员工的油漆队，完全涂刷一遍需要365天，所以涂刷工作一年到头均持续进行中。

🔸桥梁建筑学上的创举 >>>

金门大桥只有两大支柱，因此整座大桥不是利用桥墩支撑桥身，而是利用桥两侧钢塔拉出的弧形吊带所产生的巨大拉力把沉重的桥身高高吊起。从海面到桥中心部的高度约60米，又宽又高，所以即使涨潮时，大型船只也能畅通无阻。

🔸最上镜的大桥 >>>

金门大桥由于其新颖的结构和超凡脱俗的外观，被国际桥梁工程界广泛认为是美的典范，更被美国建筑工程师协会评为现代的世界奇迹之一。它也是世界上最上镜的大桥之一。

> **知识小笔记**
> 位　置：北美洲
> 国　家：美国
> 特　色：新颖的结构，超凡脱俗的外观

美国的重要标志——拉什莫尔总统山

在美国南达科他州境内西南部拉皮德城西南方的拉什莫尔山的东南坡上,有一处世界上最大的人面雕刻。由于山上雕刻的是4位曾对美国独立和发展做出卓越贡献的总统,而得名"总统山"。如今,拉什莫尔已经成为了美国的重要标志之一。

建造历史

1923年,南达科他州的历史学家多恩·鲁宾逊提议在拉什莫尔山的花岗岩上雕刻美国开国元勋的雕像,以发展该地的游览观光事业。1924年,鲁宾逊的想法引起了作为雕塑家的格桑·博格勒姆的注意。他最后选取拉什莫尔山作为雕刻地点,因为这象征着"美国会在这条天际线上前进"。

乔治·华盛顿

托马斯·杰弗逊

西奥多·罗斯福

亚伯拉罕·林肯

总统山上四位总统的肖像

艰辛的工程

1927年10月4日，雕塑工程正式破土动工。由于各种原因，工程经常被迫中断，所以工期长达14年，而实际施工只有6年半左右。1930年，华盛顿头像揭幕；1936年，杰弗逊头像揭幕；1937年，林肯头像揭幕；1939年，罗斯福头像揭幕。

知识小笔记

位　置：北美洲
国　家：美国
特　色：人物头像与山峰浑然一体，十分壮观

华盛顿像和罗斯福像

华盛顿像是一座半身像，整个雕像头部五官形象突出，清晰而集中。罗斯福雕像只刻了脸部，脑后与石山连在一起，颈与胸部均未刻出。罗斯福头像戴一副秀丽的眼镜，与华盛顿刚毅的造型形成鲜明的对比。

杰弗逊雕像和林肯雕像

杰弗逊雕像突出了他作为美国民族和民主革命先驱者的风采和智慧，他的头发弯曲，前额突出，双眼炯炯有神，头部微仰，嘴角微抿，从悠闲当中透露出坚强。林肯的雕像突出了他严肃、认真的性格特征。

这些头像的雕刻采用了高浮雕写实的手法，突嵌在高大的山峰上。每尊头像的高度约为18米。在石像雕刻过程中，采用了现代化的爆破技术，有人称这4座雕像是由炸药炸出来的。

世界水桥——巴拿马运河

打开拉丁美洲地图,辽阔的北美洲和南美洲被一条狭长的陆地——巴拿马地峡连接着。巴拿马运河便是它们的维系点,这条水道也将大西洋和太平洋连接在一起,因此人们称它为"世界水桥"。

运河概况

巴拿马运河位于巴拿马共和国的中部,它全长 81.3 千米,水深 13~15 米,河宽 150~304 米。整个运河的水位高出两大洋 26 米,设有 6 座船闸,其中的 3 组船闸可将船位升高 26 米,经过 8~10 小时的航行后,再由另 3 组船闸把船降至海平面。

▲ 巴拿马运河犹如一本厚厚的历史书,它承载着人类奋斗不息、坚忍不拔的精神,寄托着一个民族的希望。

运河的历史

16 世纪时,西班牙国王企图在巴拿马地峡最窄的地段开凿一条河道,但最终只用鹅卵石铺出了一条供穿越地峡的驿道。后来,法国人着手开凿运河,但还是白白花费了 20 年的时间和 3 亿美元的巨资,只挖掘了不到计划长度的 1/4 就被迫停工。

▲ 巴拿马运河工程现场的木雕画。蒸汽动力驱动的挖土机正在工地上进行挖掘

美国的开凿 >>>

1903年美国和巴拿马签订《美巴条约》，以一次支付1 000万美元和每年交付"租金"25万美元为代价，取得单独开凿运河的权利和对运河两岸宽16.1千米的运河区的永久租让权。运河于1904年开始动工，1914年8月建成，次年正式通航，1920年开始向国际开放。

经济意义 >>>

巴拿马运河的建成使美国东西海岸间的航程比绕道南美洲合恩角缩短1.3万千米，从欧洲到亚洲东部或澳大利亚缩短3200千米。每年通过运河的船只达1.5万艘，总吨位达1.5亿吨以上，其货运量占世界海上货运量的5%。

知识小笔记

位 置：北美洲
国 家：巴拿马
特 色：船闸式运河

回到祖国怀抱 >>>

1977年9月，美国与巴拿马签订新的《巴拿马运河条约》和《关于巴拿马运河永久中立和经营的条约》。根据条约，从1999年12月31日起，巴拿马全部收回运河的管理和防务权，美军全部撤出。

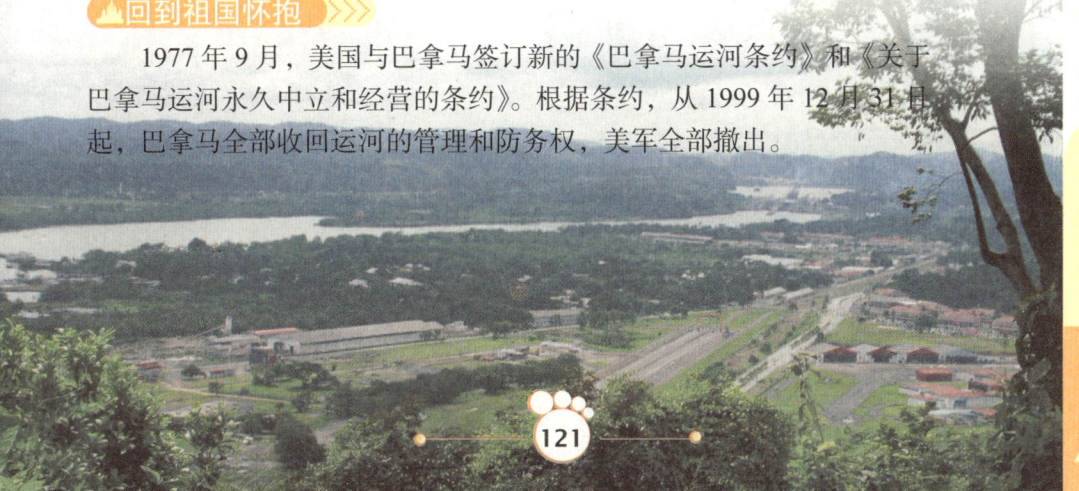

令孩子着迷的 100 个人工奇观

令孩子着迷的100个人工奇观

皇家宫殿

　　气势恢宏、富丽堂皇的皇家宫殿是人类建筑中瑰丽的奇葩，故宫、冬宫、白金汉宫、凡尔赛宫……一座座昔日帝王的皇宫承载了一段又一段辉煌的历史，显示了帝王们的崇高地位和其昔日生活的辉煌与奢华，今天，这些人类建筑史上的经典之作仍然散发着璀璨的光芒。

万园之园——圆明园

No.056

圆明园是清朝帝王在150余年间创建和经营的一座大型皇家宫苑，它集中了中国园林艺术的精粹，融会了东西方各种建筑风格，汇聚各种造园手法，堪称是中国园林艺术之集大成者和顶峰杰作，被西方国家称作"万园之园"或"东方凡尔赛宫"。

地理位置

圆明园坐落在北京西郊海淀，它始建于康熙46年（1707年），由圆明园、长春园、绮春园（后改称万春园）组成。有园林风景123处，占地面积约350万平方米，总建筑面积超过16万平方米。

↑圆明园也是一座异木奇花之园，名贵花木多达数百万株。下图为圆明园中复建的正觉寺文殊亭。

知识小笔记

位　置：亚洲
国　家：中国
特　色：融会东西方各种建筑风格

景观

圆明园的景观大量取材于中国的神话传说和诗画意境，如蓬岛瑶台（蓬莱仙岛）、武陵春色（桃花源）、杏花春馆（仿杜牧杏花村诗意）等。园内还仿建了许多江南名胜，如取自杭州的"西湖十景"，取自庐山的西峰秀色等。此外，长春园北部还有欧式建筑群——西洋楼。

观水法

最有名的"观水法"，是一座西洋喷泉，还有万花阵迷宫以及西洋楼等，都具有意大利文艺复兴时期的风格。在湖水中还有一个威尼斯城模型，皇帝坐在岸边山上便可欣赏万里之外的"水城风光"。

▸ 圆明园西洋楼观水法石门

圆明园的劫难

1860年英法联军和1900年八国联军两次洗劫圆明园，园中的建筑被烧毁，文物被劫掠，奇迹和神话般的圆明园变成一片废墟，只剩断垣残壁，供人凭吊。

最大的宫殿——故宫

北京故宫作为东方宫殿建筑的代表、世界宫殿建筑的典范，是中国古代劳动人民智慧和文化的结晶。故宫也是世界上最大的宫殿，其整个建筑金碧辉煌，庄严绚丽，体现了我国古代杰出的建筑水平，也浓缩了中华文明的精华。

紫禁城

故宫位于北京市中心，也称"紫禁城"。它始建于1406年，1420年建成，由明成祖朱棣亲自策划营建，动用30万民工，共建了14年。这里曾居住过24位皇帝，是明清两代的皇宫，虽经明、清两代多次重修和扩建，仍然保持原来的布局。

◂ 现在，故宫已被辟为故宫博物院，供游人参观。

殿宇之海

故宫占地72万平方米，建筑面积15.5万平方米，有殿宇宫室8 707多间，被称为"殿宇之海"。故宫里最吸引人的建筑是三座大殿：太和殿、中和殿和保和殿。

令孩子着迷的100个人工奇观

金銮殿

太和殿,俗称"金銮殿",是皇帝举行大典的地方,有直径达1米的大柱92根,其中6根围绕御座的是沥粉金漆的蟠龙柱。整个大殿装饰得金碧辉煌,庄严绚丽。

建筑布局

故宫宫殿的建筑布局有外朝、内廷之分。外朝以太和、中和、保和三大殿为中心,是封建皇帝处理政务、举行盛典的地方。内廷以乾清宫、交泰殿、坤宁宫为中心,是封建帝王与后妃的住所。此外还有文华殿、武英殿、御花园等。

▲ 保和殿是三大殿之一,每年除夕皇帝在这里赐宴外藩王公,这里也是科举考试举行殿试的地方。

知识小笔记

位 置	亚洲
国 家	中国
特 色	世界现存最大、最完整的古建筑群

城墙

故宫城墙的周长有3 400米左右,高10米,城墙下宽8.6米,上宽6.66米,城墙四角各有1座玲珑精巧的角楼。此外,还有一条宽52米、长3 800米的护城河。

皇家山水园林的经典——颐和园

颐和园素以人工建筑与自然山水巧妙结合的造园手法著称于世，是中国园林艺术顶峰时期的代表。颐和园既有北方山川的雄伟宏阔，又有江南水乡的清丽婉约，还蕴含着帝王宫室的富丽堂皇和民间宅居的精巧典雅，成为中国古典园林的又一集大成者。

概述

颐和园地处北京西郊，距京城约 15 千米，旧称"清漪园"。1886 年开始重建，1888 年改名"颐和园"，耗银 3 000 万两，历时 10 年。颐和园规模宏大，占地面积达 2.93 平方千米，主要由万寿山和昆明湖两部分组成。

▲ 中国园林与欧洲园林的建筑体系虽完全不同，但都会刻意地去追求自然美和艺术美。

▲ 颐和园的正门

园林建筑

颐和园中各种形式的宫殿园林建筑 3 000 余间，大致可分为行政、生活、游览三个部分。仁寿殿，曾名勤政殿，是皇帝处理政务的地方。德和园，是清代所建三大戏台最大的一个，供当时宫廷喜庆娱乐之用。

排云殿

排云殿是万寿山前的中心建筑，原是乾隆为他母亲60寿辰而建。从远处望去，排云殿与牌楼、排云门、金水桥、二宫门连成了层层升高的一条直线。排云殿这组建筑是颐和园最为壮观的建筑群体。

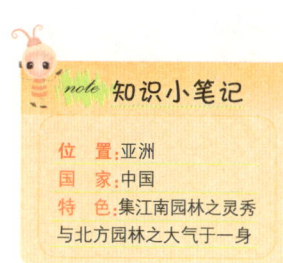

知识小笔记

位　置：亚洲
国　家：中国
特　色：集江南园林之灵秀与北方园林之大气于一身

▸石狮子是中国园林建筑中的特色

昆明湖

万寿山以南，是碧波荡漾的昆明湖，西部是仿杭州苏堤而建的西堤，将湖面分为东西两半，西堤有六座桥梁，以玉带桥最为有名，远远望去，如玉带轻飘。与西堤相接的东堤是一道石造长堤，中段有仿卢沟桥而建的17孔桥，望柱上有神态各异的石狮564只。

佛香阁

佛香阁是颐和园中的主体建筑，建筑在一个高21米的方形台基上，是一座八面三层四重檐的建筑；阁高41米，阁内有8根巨大铁梨木擎天柱，结构复杂，为古典建筑精品。阁内供奉着"接引佛"，供皇室在此烧香。

▸排云殿前的排云门

俄罗斯的政治中心——克里姆林宫

克里姆林宫位于俄罗斯的莫斯科市中心，是俄罗斯的标志之一。它那高大坚固的围墙和钟楼、金顶的教堂、古老的楼阁和宫殿，耸立在莫斯科河畔的博罗维茨基山岗上，构成了一组无比美丽而雄伟的艺术建筑群。

权力的中心

克里姆林宫始建于 1156 年，后来遭到严重破坏和重建。克里姆林宫一直是统治俄国的多代君王的皇宫，十月革命后是苏联最高权力机关和政府的所在地，今天又是俄罗斯的总统府（议会和政府现已迁出克里姆林宫）。

知识小笔记

位　置：欧洲
国　家：俄罗斯
特　色：既是俄罗斯的政治中心，又是宗教和世俗的文化遗产

▲ 在夜晚灯光的烘托下，美丽的克里姆林宫犹如童话中色彩斑斓的城堡。

大克里姆林宫

大克里姆林宫是克里姆林宫中的主要建筑之一。它的外观为仿古典俄罗斯式。宫殿的正中是饰有各种花纹图案的阁楼。宫殿内部呈长方形，楼上有露台环绕的总面积达 2 万平方米的 700 间厅室。

令孩子着迷的100个人工奇观

格奥尔基耶夫大厅

格奥尔基耶夫大厅是大克里姆林宫中最为著名的殿厅,大厅呈椭圆形,圆顶上挂着6个镀金两枝形吊灯,圆顶和四周墙上绘有公元15~19世纪俄罗斯军队赢得胜利的各场战役的巨型壁画。如今,这里是政府举行欢迎仪式的传统地点。

▶ 莫斯科大地上,唯见克里姆林宫高耸;克里姆林宫上,唯见遥遥苍穹。

▶ 克里姆林宫的钟表

珍宝馆

克里姆林宫中原有一个大武器库,1720年,彼得大帝将其改建成博物馆。馆内收藏着许多珍贵文物,有历代沙皇用过的物品、工艺品以及掠夺而来的战利品。这里的皇冠、神像、十字架、盔甲、礼服和餐具无不镶满宝石。

伊凡大帝钟楼

伊凡大帝钟楼高高地矗立在克里姆林宫的建筑群体中,它高81米,是古时的信号台和望台。钟楼的左侧有重达40吨的大炮,右侧是著名的大钟。这两个庞然大物虽然从未使用过,但却显示出了俄罗斯工匠高超的铸造技术。

令孩子着迷的100个人工奇观

俄罗斯的骄傲——冬宫

No.060

皇家宫殿 俄罗斯的骄傲——冬宫

著名的冬宫坐落在俄罗斯圣彼得堡的宫殿广场上，它是18世纪中叶俄国巴罗克式建筑的杰出典范，收藏有各种古董和来自世界各地的艺术珍品近300万件，是目前世界上规模最大、藏品最多的博物馆之一。

冬宫的历史

冬宫始建于1754~1762年间，由当时俄罗斯最著名的建筑师拉斯特雷利设计。该宫最早是叶卡捷琳娜二世女皇的私人博物馆。十月革命胜利后，冬宫正式建立国立艾尔米塔什博物馆。

建筑格局

冬宫是一座三层楼房，长约230米，宽140米，高22米，呈封闭式长方形，占地9万平方米，建筑面积超过4.6万平方米。冬宫内有1500间厅室，117个阶梯，1786扇门，1945个窗户。

令孩子着迷的100个人工奇观

冬宫是俄国巴洛克式建筑的典范，外观十分气派，内部装饰也是十分的华丽。

最长的艺术走廊

在冬宫，意大利文艺复兴时期的拉斐尔、达·芬奇、米开朗基罗、伦勃朗、梵高、雷诺阿、罗丹，还有中国的张大千、齐白石、徐悲鸿等大师的精品比比皆是。曾有人统计，游人如果对这里的每件藏品都看上一分钟，则需要8年时间才能欣赏完整座冬宫的藏品。

丰富的藏品

冬宫内珍玩收藏极其丰富且价值连城。如今，在冬宫宽敞明亮的展厅里，共有各类文物270万件，其中绘画约1.5万幅，雕塑约1.2万件，版画和素描约62万幅，出土文物约60万件，实用艺术品26万件，钱币和纪念章约100万枚。

冬宫豪华的装修和华丽的装饰，显示出沙俄皇族不凡的气势。

知识小笔记

位　置：欧洲
国　家：俄罗斯
特　色：既是俄罗斯的政治中心，又是宗教和世俗的文化遗产

亮丽的女王宫——叶卡捷琳娜宫

蓝 白色为主调的叶卡捷琳娜宫，远远望去庄重大方，但内部却装饰得金碧辉煌。这座巴洛克风格的宫殿始建于18世纪俄国的叶卡捷琳娜女皇时代。200多年来，它以金碧辉煌的气势和难以计数的珍宝藏品而闻名于世。

地理位置

叶卡捷琳娜宫又称皇村，它位于俄罗斯圣彼得堡市以南20多千米处，是彼得大帝1708年为妻子叶卡捷琳娜一世建造的，也是其女儿伊丽莎白女皇、叶卡捷琳娜二世、亚历山大一世及尼古拉二世最喜爱的郊外行宫。

宫殿的历史

这座宫殿曾是两层楼高的木制宫殿。1743~1751年间，宫殿进行了重建，将其原本朴实的外貌改建为雄伟宏大，富丽堂皇的豪华皇家宫殿。著名建筑师拉斯特雷利加建了皇宫的教堂和5座颇具特色的洋葱形圆屋顶，墙面上添加了装饰性的雕像。

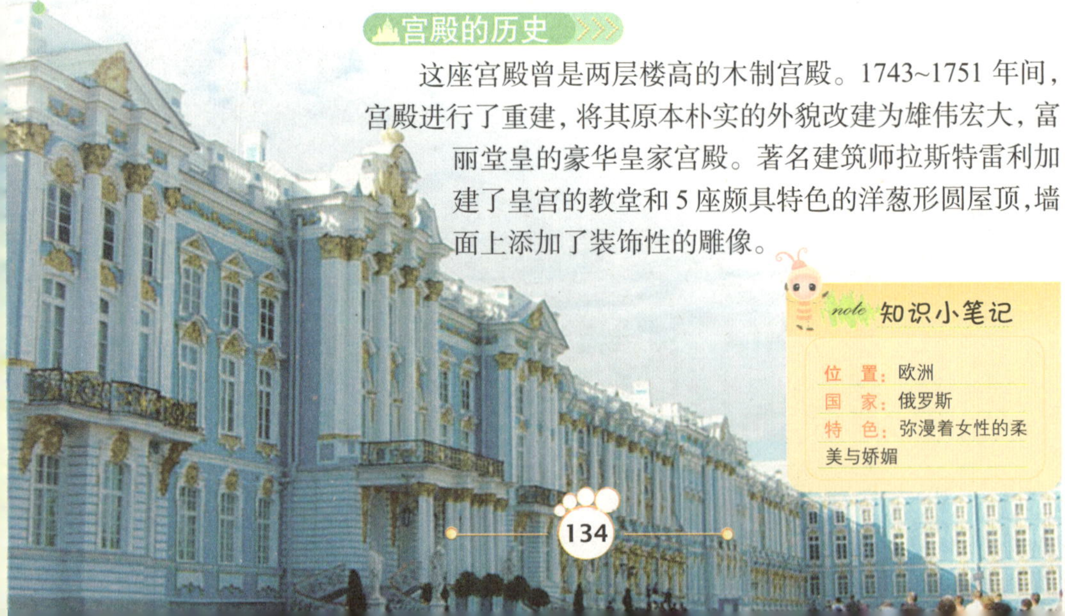

知识小笔记

- 位置：欧洲
- 国家：俄罗斯
- 特色：弥漫着女性的柔美与娇媚

金色的宫殿

宫内金碧辉煌的大厅一间接一间，金色的墙，金色的圆柱，金色的宫门组成了一条金色的走廊。华贵的地毯，轻柔的丝绸窗缦，典雅的壁画，精美的摆设，把整个宫殿装扮的美轮美奂。

▶ 叶卡捷琳娜宫天蓝色的外表显得宁静而深远。

琥珀厅

宫殿内有一间极其奢华的琥珀厅，内部装修采用了大量的琥珀，堪称世界一大奇观，第二次世界大战时期，德军撤退时掠走了所有的琥珀，至今，这些琥珀下落不明。现在人们根据照片等历史资料，又将琥珀屋恢复起来。

▶ 如今的琥珀厅内，镀金的鹦鹉、镀金的烛台、镀金的雕饰、满屋的珠光宝气，让人感到仿佛置身于巨大的珠宝箱内。

皇村中学

1788年，涅洛夫在皇宫北翼建起一座古典主义风格的四层建筑，由宽大的拱廊与皇宫教堂连为一体，这就是著名的皇村中学，诗人普希金在此度过了难忘的少年时代。

▶ 皇宫花园非常清雅，十字小桥、武器库、中国式的亭台以及花草砌成图案的花园衬托着宏伟的建筑，漫步园中小道，给人以美不胜收之感。

令孩子着迷的100个人工奇观

驰名世界的皇宫——白金汉宫

No.062

白金汉宫坐落在伦敦泰晤士河畔威斯敏斯特区，它默默地见证了大不列颠王室的兴衰、日不落帝国的沧桑历程。作为英国王权的象征，白金汉宫承载了王室的繁华与辛酸。虽然王室的社会功能在减弱，但王室文化作为旅游项目却吸引了众多的世界游客。

历史渊源

1703年，安妮女王将白金汉宫所在地赏给了白金汉公爵。1762年，乔治三世将公爵宅邸买下，作为王后的宫殿。1825年，乔治四世将其改作王宫，从此，白金汉宫便成了皇室的家。维多利亚女王是第一位真正入住白金汉宫的君主。

◆维多利亚女王纪念碑位于白金汉宫前。纪念碑的中心是主碑，底部是维多利亚女王的大型汉白玉坐像和正义和真理天使的雕像。顶端是鎏金的胜利女神和两个侍从像。

知识小笔记

位　置：欧洲
国　家：英国
特　色：英国王室的居所，集办公与居家功能于一身

王宫广场

白金汉宫前面的广场有很多雕像，广场上还有由爱德华七世扩建完成的维多利亚女王纪念堂。一座胜利女神金像站在高高的大理石台上，金光闪闪，仿佛要从天而降。

艾尔伯特亲王的音乐室,用象牙和黄金装饰而成。

女王美术馆

王宫南侧为女王的美术馆,馆内有王室收藏的数件艺术珍品,其中包括十几幅珍贵的达·芬奇作品。如《年轻男子的头像》《习作:马》和《肩的解剖结构》等,它们从1690年起就由英国王室收藏。

宴会厅是白金汉宫最大的厅室

内部陈设

整个白金汉宫共有大大小小600个厅室,这些厅里悬挂着光彩夺目的冰晶玻璃和雕花玻璃的大吊灯,镶着金碧辉煌的天花板,墙上装有雕琢精美的花饰,铺的是高级豪华的地毯。

王室的象征

如今,英国女王和王室成员以及王室工作人员仍旧住在白金汉宫。伊丽莎白二世召见首相和大臣们,接见和宴请外国元首、政府首脑、外交使节、递交国书等都在王宫内举行;重要的外国贵宾来英国访问,也在宫内下榻;女王一年一度的阅兵仪式也在王宫附近的广场举行。

民主政治的象征——威斯敏斯特宫

英国伦敦的威斯敏斯特宫是世界上最庞大的哥特式建筑之一，整座宫殿瑰丽肃穆，充分体现了其浪漫主义建筑风格的丰富情感。现在，威斯敏斯特宫又成为英国民主政治的象征——议会大厦的所在地，它以特有的历史文化价值构成了英国最具代表性的文化景观。

建筑历史

威斯敏斯特宫始建于11世纪英王爱德华一世，从1049至1530年，一直是英国的皇宫，其间不断地被改建扩修，并进行了多次重建。1547年成为英国议会所在地，但习惯上仍称威斯敏斯特宫。

只要漫步于泰晤士河畔，人们都会被这座建筑所吸引，而威斯敏斯特宫也成为伦敦的地标性建筑。

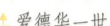

爱德华一世

建筑结构

威斯敏斯特宫坐北朝南，宫殿大楼是主体，前后共3排，长达300米，两端和中间由7座横楼相连，使3座大厦形成了一个整体。北面为高达百米的维多利亚塔，石质结构，不怕火烧，因此储存了许多重要档案；塔顶镏金，新哥特式的塔尖直冲云霄，气势非凡。

大本钟

维多利亚塔的东北角有一座高96米的方形尖塔钟楼,这里有一口闻名全球的大钟,重13.5吨,大钟的监制人为本杰明·荷尔爵士,大本钟由此而得名。若从泰晤士河的船上或对岸观赏,整个大厦气势磅礴,气象万千,堪称英国最具代表的一景。

▲ 伦敦的象征——大本钟

知识小笔记
位　置：欧洲
国　家：英国
特　色：世界上最大的哥特式建筑

▲ 1821年,乔治四世的加冕礼在宴会大厅举行,这是历代以来最盛大的一次。

宫殿内部

宫殿共14个大厅,约1 100个房间,首相和内阁大臣在大厦里都有自己的一套办公室和会客厅。通向上下两院的长廊墙壁上有许多大幅壁画和石雕像,金碧辉煌,栩栩如生。

历史的见证

威斯敏斯特大厅建于15世纪初,后来被用作审判头等政治犯的法庭,20世纪以来还在这里举行国葬典礼,英国前首相丘吉尔的遗体告别仪式就是在这座大厅里举行的。此厅是英国历史的见证者,历经过英国历史上诸多最戏剧化和最重要的时刻。

王权的完全象征——凡尔赛宫

世闻名的凡尔赛宫位于法国巴黎近郊的凡尔赛镇,以其宏伟的外观、金碧辉煌的内部装修而驰名世界,成为人类艺术宝库中的一颗明珠。凡尔赛宫还是欧洲最宏大、最华丽、最庄严的皇家宫苑,也因此被人们称为"举世无双的宫殿"。

建筑历史

公元17世纪初期,法国国王路易十三在凡尔赛镇一带建设庄园,用作狩猎行宫。路易十四继位后,决定在这里建造一座宏伟的宫殿。1661年,宫殿开始动工,1685年才竣工,而当时已由路易十五执政。其后,路易十六与皇后也在此居住。

庞大的宫殿

在其全盛时期,宫中居住的王子王孙、贵妇、亲王贵族、主教及其侍从仆人竟达3万名之多。在凡尔赛还驻扎有瑞士百人卫队、苏格兰卫队、宫廷警察、6 000名王家卫队、4 000名步兵和4 000名骑兵。

路易十三的画像

镜厅

皇宫里最富丽堂皇的地方要数镜厅。镜厅长 73 米，宽 10 米，高 12.5 米，由 578 块当时欧洲制造的最大的镜子拼成 17 面镜墙。白天，户外的阳光和御花园的景色被引进厅内，镜面反映出园内美景，就如置身在室内花丛中。

历史的见证

镜厅之所以闻名并不单是因其独特的建筑艺术，更是因为它是法国近代历史见证地。19 世纪，普法战争中法国战败，普鲁士国王就在镜厅内宣布成立德意志帝国。20 世纪初，第一次世界大战结束时，在镜厅签订了著名的《凡尔赛和约》。

▸ 室内装饰极其豪华富丽是凡尔赛宫的一大特色。巴泰尔画廊的天花板为半球形穹顶，顶上除了绘画还有精美的浮雕。

知识小笔记

位置：欧洲
国家：法国
特色：气势宏伟，富丽堂皇

森林中的宫殿——枫丹白露宫

枫丹白露宫虽然比不上凡尔赛宫的宏伟，卢浮宫的广袤，但却淡雅大方，给人以静谧温馨的感觉。"枫丹白露"的译名与香榭丽舍大街一样，同为中文翻译史上的神来之笔。枫丹正是秋风瑟瑟，枫叶红艳；而白露就是那耀眼阳光下，晶莹剔透的露珠。

地理位置

枫丹白露宫位于塞纳河左岸的枫丹白露镇，距巴黎约60千米。这里风景美丽，气候宜人，周围是面积达170平方千米的森林、湖泊和花园。

悠久的历史

12世纪时，法国国王路易六世喜欢狩猎，所以下令在此修建城堡，后经历代君王的改建、扩建、装饰和修缮，使枫丹白露宫成为一座富丽堂皇的行宫。1804年，拿破仑在此举行了加冕典礼。10年后，他又被迫在这里签署了退位诏书。

▲ 路易六世的画像

建筑格局

枫丹白露宫现存一座封建古堡主塔、六朝国王修建的王府、5个院落、4座具有四个时代特色的花园。白马广场是宫苑的主要入口,它长152米,宽112米,门前的巨大马蹄形台阶是其建筑的主要特色。

▶ 枫丹白露宫,它就相当于"整个"法国的历史,它曾是历代君主狩猎的地方,这里散发着浓浓的田园气息,有属于自己独一无二的颜色与温馨。

▶ 三一教堂是枫丹白露宫重要的建筑

弗朗索瓦一世长廊

细木护壁、石膏浮雕和壁画相结合的装饰艺术,形成了枫丹白露的独特风格。著名的弗朗索瓦一世长廊就是典型的一例。长廊的下半部贴有一圈2米高的金黄色细木雕刻做护壁,上半部的浮雕烘托着一幅幅带有文艺复兴风格的精美壁画,使整条长廊显得既辉煌又典雅。

中国馆

在枫丹白露宫中还有一座由拿破仑三世的奥日妮皇后主持建造的中国馆,里面陈列着中国明清时期的绘画、金玉首饰、牙雕、玉雕等上千件艺术珍品。在一件硕大的雕绘镶嵌有双龙图案的景泰蓝瓶的足边上,清晰地刻写着"大清乾隆年制"。

知识小笔记

位　置:欧洲
国　家:法国
特　色:淡雅大方,静谧温馨

艺术的殿堂——卢浮宫

法国巴黎的卢浮宫是世界上最大、最著名的艺术宝库之一，同时，它也是法国历史上最悠久的王宫。精湛的建筑艺术使卢浮宫成为法国古典主义建筑的里程碑，而其丰富的藏品更是吸引着世界各地的游人。

卢浮宫的历史

卢浮宫建于12世纪末，是当时的国王菲利普·奥古斯特为保护巴黎不受诺曼人及英国人入侵所建的城堡。后来法兰西斯一世将之改为宫殿，以后几个世纪王权都集中在此。1793年，卢浮宫成为博物馆正式对外开放。

伟大的建筑杰作

卢浮宫博物馆本身就是一座杰出的艺术建筑。它自东向西横卧在塞纳河的右岸，两侧的长度均为690米，整个建筑壮丽雄伟。用来展示珍品的数百个宽敞的大厅富丽堂皇，大厅的四壁及顶部都有精美的壁画及精致浮雕，处处都是呕心沥血的艺术结晶，令人叹为观止。

知识小笔记

位　置	欧洲
国　家	法国
特　色	藏品众多，极具艺术价值

玻璃金字塔

20世纪80年代，著名的美籍华裔建筑师贝聿铭为博物馆设计了新的入口处。这是一座21米高的玻璃金字塔，它设计别致、简洁、明快，极富现代感，为卢浮宫博物馆，也为巴黎市增加了新的耀眼光彩。

万宝之宫

卢浮宫占地面积45万平方米。馆里藏有雕刻、绘画、珍宝、陶器、铜器、工艺品等38万件，号称"万宝之宫"。博物馆将这些艺术珍品分别在八大展馆中展出，即埃及文物馆，近东文物馆，希腊、伊特鲁里亚和罗马馆，伊斯兰艺术馆，雕塑馆，装饰艺术馆，美术馆以及印刷和素描馆。

▲ 萨莫特拉斯的胜利女神像丰满而圣洁，柔媚而单纯，优雅而高贵，充溢着青春与生命的律动。

▲《蒙娜丽莎》为世界上最名贵的油画

"卢浮三宝"

如果要仔细欣赏每件作品，即使两星期也看不完。其中最重要的镇宫三宝是世人皆知的：《米洛的维纳斯》、达·芬奇的《蒙娜丽莎》和《萨莫特拉斯的胜利女神》。

令孩子着迷的 100 个人工奇观

维也纳的皇冠明珠——美泉宫

皇家宫殿
维也纳的皇冠明珠——美泉宫

维也纳作为欧洲中世纪最大的城市之一，至今仍保留着其显赫的地位。而位于城市西南部的美泉宫，更是维也纳众多历史建筑中最引人注目的焦点，整个美泉宫布局气势雄伟，优雅闲适，由此成为维也纳这座历史名城上的一座皇冠。

宫殿的历史

相传，17世纪初，神圣罗马帝国皇帝马蒂亚斯狩猎至此，发现了一个泉眼，饮用过后感到清爽甘冽，遂将此地命名为"美泉"。1696年，利奥波德一世在此修建一座皇帝的游乐宫，后来，奥地利女大公玛丽姬·特蕾西亚下令将此游乐宫改为夏宫，这便是今天的美泉宫。

▲ 利奥波德一世

建筑格局

美泉宫面积2.6万平方米，外形则是效仿凡尔赛宫的古典式宫殿，也是一座富丽堂皇的巴洛克式建筑。整座建筑分为上下两层，宫殿上层是帝王办公、迎宾和举行盛大活动的地方，下层作为起居和膳宿所用。

▲ 美泉宫的最高点凯旋门，是美泉宫花园中一座罗马式观景亭。

令孩子着迷的100个人工奇观

宫殿内部

美泉宫内有1 441个房间，其中44间是纤巧华美的洛可可风格，优雅别致。宫内有哈布斯堡王朝历代帝王宴请欧洲皇室贵族的豪华餐厅和舞厅。宫殿长廊挂满哈布斯堡王朝历代皇帝的肖像和特雷西亚女大公所生16个儿女的肖像画。

↑ 美泉宫见证了一个又一个的奇迹，经历了岁月的变迁，但它仍然风华绝代亦如当年。

宫廷花园

宫殿后面是一座巴洛克式大花园，它占地2万平方米。花园两边高大的树木被剪成一面绿墙，绿墙里是44座古希腊神话故事中的人物塑像。在花园的尽头，有一座1780年修建的美丽的喷泉，名为"海神喷泉"。在海神喷泉的东边是赫赫有名的"美泉"。

↑ 宫廷花园中一片片格局优雅、精雕细琢的花坛和草坪。

知识小笔记
位　置：欧洲
国　家：奥地利
特　色：气势磅礴的宫殿，巴洛克式花园

最古老的动物园

在海神喷泉的西侧，还有全世界最古老的动物园，它落成于1757年。1883年，人们又在动物园旁边建造了一座欧洲最大的温室，种植有热带地区的奇花异草。

伊斯兰艺术之花——阿尔汉布拉宫

风华绝伦的阿尔汉布拉宫，镂刻着格拉纳达无尽的阿拉伯情怀，不仅是古老的中世纪王宫，也隐含着悲壮而精致的摩尔文化。作为西班牙格拉纳达的象征，这座宏伟的宫殿不仅成为伊斯兰艺术开放在西班牙最璀璨的花朵，更是建筑史上的经典之作。

建筑格局

阿尔汉布拉宫由众多的院落组成，建筑在海拔730米高的地形险要的山丘上。宫殿的围墙东西长200米，南北长200米，高达30米。围墙内的建筑物有国王厅、姐妹厅、大使厅、桃金娘庭院、狮子庭院等。

▶ 矩形的反射水池、纤巧的立柱、优雅的拱券以及回廊外墙上精致的传统格状图案，与静谧而清澈的池水交相辉映。

▶ 从建筑历史而言，阿尔汉布拉宫与中国的阿房宫、铜雀台等诸多建筑一样，都是美学艺术的集大成者。

风情万种的水景

赋予整个阿尔汉布拉宫灵性的是水。中世纪的古老管道将雪水从内华达雪山引下来，流遍整个阿尔汉布拉宫。因此宫内随处可见水池、喷泉。对水的巧妙运用，使得阿尔汉布拉宫处处浮现出一种妩媚灵动的风格。

桃金娘庭院

在阿尔汉布拉宫内众多的庭院中，以桃金娘庭院为最大，也最漂亮，其院中水池倒映出的北廊倒影十分有名。宫中建筑物墙上有华丽的壁画，室内布满色彩绚丽的石膏几何纹饰和阿拉伯文字的图案，这些都是伊斯兰文化的宝贵遗产。

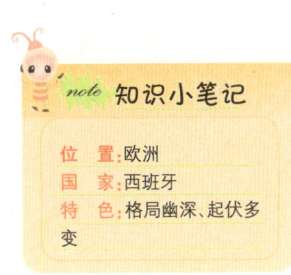

知识小笔记
- 位 置：欧洲
- 国 家：西班牙
- 特 色：格局幽深、起伏多变

狮子庭院

狮子庭院的地面用彩砖铺砌，有白色大理石柱廊，四周墙壁镶以半米高的蓝黄两色相间的彩砖。室内布满色彩鲜艳的几何形纹饰和阿拉伯文字图案。这座宫殿是皇室家族休息的地方，到处充满雕刻。

▶ 狮子庭院是一个经典的阿拉伯式庭院，由两条水渠将其四分。

名曲中的宫殿

公元19世纪的一天的傍晚，西班牙最伟大的吉他演奏家和作曲家塔尔雷加来到了阿尔汉布拉宫，遂创作了不朽名曲《阿尔汉布拉宫的回忆》。该曲为塔尔雷加赢得了近代吉他之父的声誉，阿尔汉布拉宫的名气也随着优美的旋律飘向世界各个角落。

令孩子着迷的100个人工奇观

令孩子着迷的100个人工奇观

传奇古堡

　　充满神秘色彩的古堡一直是童话世界中最令人向往的地方。英勇的苏格兰人和爱丁堡、著名的"囚徒"邓蒂斯和伊夫堡，美丽的茜茜公主和新天鹅堡……动荡的人类历史、传奇的小说人物、动人的爱情故事在古典而浪漫的城堡中交织成一条迷人的彩带。

令孩子着迷的100个人工奇观

日本第一名城——姬路城堡

姬路城堡是日本的历史名城，它不仅仅是一座固若金汤的城堡，更是一座美轮美奂的宫殿。白色的城墙，白漆砌垒的屋顶瓦片，整个建筑宛如一只优雅的白鸟，因此，姬路城也被称为白鹭城，并被指定为国宝。

城堡的历史

姬路城堡始建于1333年。1580年，武将丰臣秀吉在这里建立起一座三层城堡，这座城堡经历了姬路城的昌盛期和接下来的伊多时期，成为繁忙的交通中心。17世纪初，德川幕府的第一位将军德川家康的女婿池田辉政，又重建该城堡并扩大成今日的规模。

▲ 姬路城堡入口

◀ 姬路城堡的内部

庞大的规模

建设姬路城堡用了387吨上好的木材，75 000块砖和瓷瓦，总重达到3 048吨，还有数不清的巨大岩石，每块重量都在1吨以上。扩建从1601年池田辉政入主姬路城堡开始，直到17年后才大致竣工。

坚固的要塞

姬路城堡的结构严密，固若金汤。防御工事修筑得非常精巧，从3条同心圆护城河开始，城壕环绕高大曲折的石城郭，城郭之间设置几座大门和瞭望塔。城墙和瞭望塔上有射箭、射击的小孔；城堡中内庭的道路，千回百转，好似迷魂阵，从顶楼上却可以看得很清楚。

▲ 姬路城堡规模庞大、建筑精美，再加上作为要塞的功能，堪称日本建筑史上的完美之作。

建筑格局

姬路城堡的整个建筑群分成主、辅两个部分，主楼阁高达6层，用白色油漆粉刷的木墙牢固地矗立在岩石基座上。辅塔有四层，顶层与主塔的结构相似，而其他层则少一个双拱分檐，每个楼阁都有披屋和曲线形的屋檐。

天守阁

姬路城堡的心脏部分称为天守阁，这是一座建有望塔和射击孔的宏伟城楼。在主城楼大天守阁的四角，紧密依附着四座小天守阁。在它们涂成白色外墙之下，是巨石砌成的墙基。城楼的回廊中每隔一米就树立着一根柱子，显得非常坚固。

note 知识小笔记

- 位　置：亚洲
- 国　家：日本
- 特　色：风格典雅，结构严密

爱情的宫殿——拉合尔古堡

No.070

巴基斯坦的拉合尔是个古老的城市，至今已有2 000多年的历史。拉合尔古堡是沙·贾汗时期莫卧儿王朝灿烂文明的杰出代表，人们踏进这里，不仅能感受到莫卧儿王朝艺术的神韵，更会被沙·贾汗与泰姬那美好的爱情故事所感动。

地理位置

拉合尔是巴基斯坦的第二大城市，它位于巴基斯坦东北部的腊维河畔，也是全国文化艺术的中心。莫卧儿王朝时期，曾作为帝国的副都，建有金碧辉煌的宫殿、寺院、城堡和陵墓等。而拉合尔城堡则位于城市旧区的西北部。

▲ 拉合尔古堡是一座见证了君王爱情的古堡，在古堡内还有一座至今保存完好的大理石朝觐台。

▲ 拉合尔古堡是一座反映莫卧儿王朝数百年建筑史的建筑物

古堡的历史

公元1021年，当时的迦兹纳维王朝在此用泥土筑成一座军事要塞。500多年后，阿克巴大帝拆除旧城后修建高墙环绕的砖石结构堡垒。后来，历代莫卧儿王朝的皇帝就在原来的基础上，对古堡进行增补修葺，扩建花园、喷泉和宫殿，使古堡成为了一座金碧辉煌的皇家宫苑。

建筑格局

拉合尔古堡经过修建后，总体呈长方形，东西长 480 米，南北宽 330 米，城内共有 21 座建筑物。城堡正中部位有一座由 40 根圆柱撑起的宫殿，人们称之为"四十柱厅"——这里是皇帝的"办公室"兼"书房"。

动人的故事

1628 年，沙·贾汗登上皇位。一天夜晚，泰姬在古堡的宫墙上仰望天空，并动情地对沙·贾汗说，她多么希望自己能拥有一座神奇的寝宫，即使躺在床上也能在一睁眼时便看见那满天的星斗。于是，沙·贾汗即刻下令调集全国的能工巧匠修建这样一座寝宫——镜宫。

▲ 镜宫于 1631 年完工，泰姬至死未能住进这座寝宫。

璀璨的星河

镜宫用上乘的大理石造就，宫殿内侧顶端有一个穹形圆顶，四面墙壁上镶嵌了各色珍贵宝石，穹顶和四壁粘贴着 90 万片红色、蓝色和褐色的玻璃镜片，只要在大殿的中央点起一根蜡烛，各色镜片便可交相辉映出一片浩瀚的星河，其情景气象万千、动人心魄。

知识小笔记

- **位　置**：亚洲
- **国　家**：巴基斯坦
- **特　色**：当光线反射，就会有无数的"星星"出现在宫殿的天穹

苏格兰的精神象征——爱丁堡城堡

作为苏格兰的首府,爱丁堡上演了太多英格兰与苏格兰的恩恩怨怨,见证了太多的铁与血的过去。而作为爱丁堡市的象征,爱丁堡城堡在今天依旧是整个城市的焦点建筑,它承载了历史,传递着抗争的精神,最终成为一个民族的象征。

城堡的历史

爱丁堡城堡是7世纪由苏格兰国王埃德温为防御敌人而建的堡垒,11世纪时马尔科姆三世又在里面建了居住的宫殿。1093年苏格兰的玛格丽特女王逝于此地,爱丁堡城堡自此成为重要的皇家住所和国家行政中心。

▶爱丁堡城堡是苏格兰王室的钟爱之地

▶爱丁堡城堡的入口

天然的要塞

整个爱丁堡城堡耸立在爱丁堡市的最高点——135米高的城堡山上,是一处天然的要塞。这种险要地形的形成是由于冰河的东移,冲刷四周坚硬的岩石而形成三面陡峭的悬崖和一个东向的斜坡,因此易守难攻,这个斜坡后来就成为了皇家大道。

第一道防线

城堡中的广场是整个城堡的第一道防线,这里整齐的摆放着数门古代的火炮,黑洞洞的炮口统一的对准了城堡北面的城区。城堡的第二层炮台也是整座城堡的最高点。黑色的大炮按扇形排列在圆形广场的最外围,分别对准了城堡的东北南三个方向。

▶ 城堡内独特的大炮

知识小笔记

位 置:欧洲
国 家:英国
特 色:建筑在爱丁堡市的最高点上,是一处天然的要塞。

王宫广场

爱丁堡城堡中央是王宫广场,16世纪的王宫建筑还耸立在广场的周围。广场东边的宫室是当时国王的起居之处。而包括雕饰得豪华富丽的南侧会议厅在内,除了平时向游人展示外,很多东西现在还可以使用,今天人们还常聚集于此举行各式各样的礼仪性聚会。

兵器收藏

爱丁堡城堡的另一个傲人收藏就是中世纪以来各个时代的兵器和军装,特别是兵器室中陈列的长达1.5米的巨剑,更是稀世珍品。这些冰冷的铁器仿佛把人又带回了骑士和剑客的年代。

王室爱情的见证——温莎堡

英国规模最大、知名度最高的皇室建筑有两座，一座是庄严的白金汉宫，另一座就是温莎堡了，这座古堡长久以来一直以一种浪漫的爱情色彩吸引了世人的目光。它不仅凝聚了大英帝国近千年的历史，而且直到今日它还仍然是女王伊丽莎白二世的行宫之一。

古堡的历史

温莎堡的历史开始于11世纪威廉一世统治时期，当时，威廉一世在此建起了一座要塞。后来的历代国王进行了大规模的改建和维修。1820年，建筑师怀特维尔将城堡的外观改建为中世纪堡垒的模样。从那以后，温莎堡的外形就再也没有什么太大的改变了。

▲ 圣乔治六世和伊丽莎白女王

城堡的格局

整个温莎城堡可以分为上区、中区和下区。上区主要有13世纪法庭、滑铁卢厅和圣乔治厅。其中的滑铁卢厅又称宴会厅，初建于13世纪，因室内主要陈列参与滑铁卢战役，击败拿破仑而立下赫赫战功的英国将领们的肖像而得名。

🏰 圆塔

中区则以温莎堡中央的高地上的圆塔为主，它最初由木材建造，到了1170年亨利二世以石材重建。1660年以前，圆塔是关押王室政敌的监狱，现在则主要用于保存王室文献和摄影收藏。每当女王来到温莎城堡，这里便会升起英国皇室的旗帜。

▲ 古朴的圆塔是温莎堡最具象征性的建筑之一

🏰 礼拜堂

下区主要有圣乔治礼拜堂、艾伯特纪念礼拜堂等建筑。艾伯特纪念礼拜堂紧邻圣乔治礼拜堂，初建于1240年，为晚期垂直样式的哥特式礼拜堂，在1863年改建为艾伯特王子的纪念礼拜堂。

▶ 艾伯特王子

note 知识小笔记

位　置：欧洲
国　家：英国
特　色：现在世界上仍然有人居住的最大古堡

🏰 艺术展览室

现在温莎城堡内收藏着英国王室数不清的珍宝，其中不乏达·芬奇、鲁斯本、伦勃朗等大师的作品，还有那些中世纪的家具和装饰品，几乎使每一个房间都成为一座小型的艺术展室。现在城堡中多数的大厅都已对公众开放。

令孩子着迷的100个人工奇观

英国王权的象征——伦敦塔

No.073

伦敦塔堪称英国中世纪的经典城堡,它拥有900多年的历史。数百年来,伦敦塔作过堡垒、宫殿,作过监狱、刑场和法院,还作过军械库、文件库、珠宝库和动物园,每一座塔里都装满了大英帝国的辉煌与沧桑。

▲ 曾经被用作城堡、王宫、监狱的白塔,由乳白色的石块砌成,是城堡中最中心,也是最重要的建筑物。

地理位置

伦敦塔坐落在伦敦城东南角的塔山上,南临泰晤士河。作为一个防卫森严的堡垒和宫殿,英国数代国王都曾在此居住,国王加冕前往伦敦塔则更是成为一种惯例。

伦敦塔的历史

伦敦塔名为"塔",实际上是公元11世纪处于罗马统治时期的一座城堡式建筑,按最初的规划,它被建置在旧城墙内,后经扩建,其边界向东延伸,越出旧城墙之外。现在的伦敦塔包括壕沟在内,共占地0.18平方千米。

知识小笔记

位 置	欧洲
国 家	英国
特 色	拥有英国不同时期的建筑风格

诺曼底塔楼

诺曼底塔楼是整个建筑群的主体，因其是用乳白色石块建成，故又称白塔。塔高27.4米，东西长35.9米，南北长32.6米，用坚硬粗糙的毛石砌成。塔楼为双层墙壁，窗户很小。四角外凸，耸起四座高塔，高塔三方一圆，另外在角落的地方设有螺旋楼梯，通达顶层。

囚禁之所

伦敦塔有一个持续时间最久，也最广为人知的功能，那就是它过去被当作监狱使用。对于曾经囚禁在塔中的囚犯来说，这里是一个令人毛骨悚然的地方，受尽折磨的囚犯在墙壁上留下了许多痛苦的字迹。

◀ 长久以来，这里一直是进入伦敦塔内的唯一入口。

皇家珍宝馆

皇家珍宝馆展出17世纪以来英君主镶满宝石的皇冠、权杖、饰物和珍品，其中于1838年为维多利亚女王制作的"帝国王冠"，上面镶有三千多颗宝石，是世界闻名的皇族珍品。此外，还有一枝国王的权杖，嵌有一颗被称为"非洲之星"的大钻石，其重达530克拉。

文艺复兴的旷世杰作——尚博尔城堡

传奇古堡
文艺复兴的旷世杰作——尚博尔城堡

尚博尔城堡是法国文艺复兴时期的旷世杰作。它在一片浩瀚的林海中,以美妙无比的想象力把中世纪的传统风格与意大利式的古典结构融为一体。作为古堡建筑由实用性向建筑审美性转变的生动的例证,尚博尔城堡具有极高的建筑价值与历史意义。

城堡的历史

尚博尔城堡位于法国中部的尚博尔市,它由弗朗索瓦一世自1519年起开始修建,可惜,他至死也未能看到这座巍峨的城堡竣工,直至138年后,才由路易十四将它彻底建成。

建筑格局

尚博尔城堡主体建筑分为两部分,一部分是一道长156米、宽117米的长方形堡墙,四角建有直径为19.5米的圆柱体塔楼;另一部分是一座三面封闭的长方形楼房,楼房四角有方形角楼护卫,楼房上方设有纪念塔。

▲ 路易十四的肖像

令孩子着迷的100个人工奇观

宏伟的规模

尚博尔城堡占地52.25平方千米，周围绿树环绕。城堡内共有440个房间，84部楼梯，365个壁炉，此外还有能容下1 200只马的马厩，从这些数字便可看出尚博尔城堡的宏伟规模。

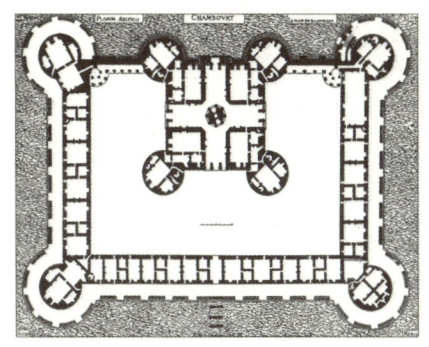

▲ 尚博尔城堡的平面图

螺旋形楼梯

城堡内部最令人赞叹的是主厅里的两组螺旋形楼梯，每组楼梯围绕着自身的中轴线向上盘旋，它的妙处在于两个同时上下楼的人永远不会碰面。

知识小笔记

位　置：	欧洲
国　家：	法国
特　色：	独特的双螺旋楼

建筑史上的孤品

尚博尔城堡的顶部建筑处理是当今建筑史上的孤品，城堡所有的圆形楼都有圆形锥顶且设计的错落有致、布局合理，留给观赏者广阔的遐想空间。这种屋顶的建筑布局也是当今世界建筑物之中最复杂的一个。

▲ 尚博尔城堡模型

马赛的门户——伊夫堡

马赛是法国的历史名城和重要的港口城市,更是一个有着传奇色彩的地方。在马赛众多的名胜古迹中,最出名的应当是位于老港外地中海上的伊夫堡了。这座古堡不仅在法国历史上有着重要的意义,更因为一部名著而成为世界闻名的焦点。

城堡的历史

16世纪20年代为了防御西班牙人侵略,法王弗朗索瓦下令修建了这个堡垒,并安置了大炮。由于地理位置险要,所以每当发生战争,这里就成为兵家必争之地。后来,这座城堡改为国家监狱。1953年,法国政府颁布法令,批准伊夫堡为国家历史文物保护单位,供人们游览。

知识小笔记
- 位　置:欧洲
- 国　家:法国
- 特　色:文学名著中的古堡

军事要塞

伊夫堡所在的小岛是马赛最小的岛屿,总面积不过2 000多平方米。岛上杂草丛生,地形险要,而伊夫堡就建在一片悬崖峭壁之上,是座易守难攻的军事要塞。

建筑格局

伊夫堡是一座长 28 米的方形建筑，城墙上建有三个开着宽大射击孔的圆柱形塔楼。其中最高的名叫克里斯多夫 1 号塔，位于城堡西北侧，可从 22 米的塔顶处俯瞰海面，另外两个塔楼分别位于东北和东南侧，面向马赛城区。

▲ 伊夫堡不仅是一座令人望而生畏的军事要塞，更是一座蕴含了深厚文化的古堡。

▲ 伊夫堡的内部

塔楼

每个塔楼内都有一个狭窄的旋转楼梯通向顶端，从顶端的一个小角门走出去，即到了伊夫堡的天台，三个塔楼以宽阔的平台相通。在天台上可以看到小岛的西南角有一处笔直的岩石，那曾是国家监狱的坟场。

著名的"囚徒"

这里最有名的"囚徒"当属大仲马《基督山伯爵》一书里的主人公邓蒂斯，他遭到陷害被"关押"在此长达 14 年。最终，他利用秘密地道钻进装尸体的袋子并被抛到海里，才成功越狱。如今的伊夫堡内的囚室还按照故事中的布局刻意挖了一条通道。

美丽的童话城堡——新天鹅堡

在德国众多的古堡中,新天鹅堡是最与众不同的一座。它坐落在群山环抱之中,矗立在石山高原上,临一面清澈透明的湖水,鸟瞰四周缓缓起伏的树林,幽静的自然景色与新天鹅堡梦境般的外貌相互辉映。

地理位置

新天鹅城堡是座白墙蓝顶的神话城堡,它位于德国的巴伐利亚山区,背靠阿尔卑斯山脉,下临一片广阔的大湖,显得尤为神圣而庄严。

▶ 新天鹅堡是世界上许多迪斯尼乐园的原型

▶ 白墙蓝顶的新天鹅城堡掩映在一片浓郁的原始森林中,人们在这里能够寻找回自己儿时所憧憬的梦幻般的童话古堡,而城堡背后的故事却足以令任何一个人为之感动一生。

城堡的历史

新天鹅城堡的建立者是巴伐利亚的一个国王,路德维希二世。这个皇帝无治世之才,却充满艺术气质。他亲自参与设计这座城堡。城堡始建于1869年,但国王生前并未看到自己的梦想完工,城堡是后人逐年完成。城堡全部用石头建成,高约70米。

🦢 天鹅装饰

由于国王对天鹅情有独钟，因此天鹅堡内到处是天鹅装饰：幔帐、壁画、门把手，甚至连水龙头都装饰着优美的天鹅造型，用白色大理石雕刻而成的天鹅更是栩栩如生，城堡似乎就是一只忧郁的天鹅精灵。

▲ 新天鹅堡如同所有的皇家城堡：装饰得富丽堂皇，收藏着许多珍品，考究气派的墙上挂满精美的绘画作品。

▲ 新天鹅堡被群山和大湖所环绕

🏰 生活用水

天鹅堡内的生活用水，是在200米高的山谷中，建造蓄水池，储存石缝中流出的清水，利用自然的力量，提供包括顶层在内的城堡全部的用水。例如寝室内设有天鹅形状的送水装置，一转动水龙头便有清水流出。

🎵 顶层音乐厅

城堡最大的房间是顶层音乐厅。从这个豪华大厅的每个窗口，都能看到城堡后壮丽的阿尔卑斯山。直到现在，这里每晚都举行古典音乐会。大厅正下方有个人工岩洞，里面有人造钟乳岩和瀑布。酷爱艺术却怕见生人的路德维希二世常常独自坐在这里"偷听"上面的演奏。

📝 知识小笔记

位　置：欧洲
国　家：德国
特　色：充满梦幻般的浪漫和优雅

美国的摇篮——威廉斯堡

古色古香的威廉斯堡可以称得上美国的摇篮,这里诞生了独立战争的美军总司令和第一任总统,还产生了《独立宣言》的起草者和第三任美国总统杰佛逊。在殖民地时代,威廉斯堡与纽约、波士顿等并称为北美文化、政治和社会中心。

古堡的历史

17世纪初,第一批英国移民到达北美洲,他们在美国的弗吉尼亚州威廉斯堡附近建立了英国人的第一个永久居留地,此后,不断有英国移民来到这里,并带来当时英国的技术和文化,渐渐地,他们建立了自己的小城堡——威廉斯堡。

▲ 今天的威廉斯堡已经成为美国一个著名的旅游胜地,就连世界各国首脑访问美国时,大都会来拜访这座城堡。

旅游胜地

威廉斯堡坐落在一望无际的大西洋沿岸平原上,附近的土地肥沃,气候宜人。从1926年开始,美国政府拨款,对历史上留下来的90多栋古老的房屋进行了修复,供人们参观。

步行街

为了保护许多名胜古迹，市中心禁止任何车辆入内，800多米长的格洛斯塔大街、涅克柯逊大街和法兰西斯大街为步行街，保留着古色古香的味道，街上行人只准骑自行车或乘坐马车游览，不通机动车。

◆ 威廉斯堡在美国就相当于一个全新文明的发源地，如今它还保留着美国18世纪风貌和古风浓郁的传统礼仪。

议会会堂

威廉斯堡议会会堂是古堡中最为重要的一栋建筑，是1704~1708年弗吉尼亚的议员们开会的地方。1720年建成的总督宫，是18世纪皇家总督的住地。陡峭的屋顶，狭长的窗户，阳台轩敞，塔楼高耸，是一座典型英国古式二层红砖楼房。

政治制度的发源地

18世纪六七十年代，乔治·华盛顿、帕特里克·亨利、托马斯·杰弗逊、乔治·梅森等美国建国元勋们，都曾在威廉斯堡宣传、组织过独立斗争。1776年在这里通过的《弗吉尼亚权利宣言》，成为后来美国宪法中被称为《权利法案》的前十条修正案的蓝本。

知识小笔记

位　置：北美洲
国　家：美国
特　色：充满浓厚的殖民地时期风貌

令孩子着迷的100个人工奇观

令孩子着迷的100个人工奇观

都市风标

建筑是凝固的音乐,一首用所有的石头和建材筑成的,如雕塑般,如诗歌般,既静态又动感的音乐。人民英雄纪念碑、埃菲尔铁塔、自由女神像、帝国大厦、悉尼歌剧院……一座座不朽的建筑是这首都市音乐中最动听的音符。

英雄的丰碑——人民英雄纪念碑

人民英雄纪念碑位于北京天安门广场的中央,毛主席纪念堂以北。作为国家的象征物,人民英雄纪念碑不仅是一座纪念为国牺牲的人民英雄的丰碑,也是中国近现代光辉革命历史的象征,更代表着中国人民的铮铮铁骨和凛然傲气。

兴建过程

1949年9月30日,中国人民政治协商会议第一届全体会议通过决议,为纪念在人民解放战争和民主革命中牺牲的人民英雄,在北京建立纪念碑。后经全国广泛讨论,确定了碑型。1952年8月1日起工程正式开工,到1958年4月落成,同年5月1日举行了隆重的揭幕典礼。

纪念碑的结构

人民英雄纪念碑呈方形,建筑面积为3 000平方米。纪念碑分碑身、须弥座和台座三部分,共高37.94米。台座分两层,四周环绕汉白玉栏杆,均有台阶。下层座为海棠形,东西宽50.44米,南北长61.5米,上层座呈方形。台座上是大小两层须弥座。

◆ 人民英雄纪念碑表达了全国人民对革命先烈的缅怀,也成为一座爱国主义教育的理想之地。

令孩子着迷的 100 个人工奇观

大型浮雕

下层大须弥座束腰部四面镶嵌着八幅汉白玉大型浮雕，浮雕高 2 米，总长 40.68 米，共有约 170 个人物形象，概括而生动地表现出我国近百年来惊天动地的革命史实。上层小须弥座四周镌刻有以牡丹、荷花、菊花、垂幔等组成的 8 个花环。

纪念碑浮雕武昌起义

浮雕内容

8 幅汉白玉大型浮雕分别以虎门销烟、金田起义、武昌起义、五四运动、五卅运动、南昌起义、抗日游击战争、渡江战役为主题。在渡江战役的浮雕两侧，另有两幅装饰性浮雕，主题分别为支援前线和欢迎人民解放军。

人民英雄纪念碑是中国有史以来最高大、最宏伟的一座纪念碑。它竖立在空旷开阔的天安门广场上，显得格外地高挺。纪念碑时刻提醒着人们要不畏艰险，奋勇前进。

碑身

两层须弥座承载高大的碑身。碑身是一块长 14.7 米、宽 2.9 米、厚 1 米、重达 60 多吨的大石。碑身正面（北面）镌刻毛泽东题词"人民英雄永垂不朽" 8 个鎏金大字；背面是毛泽东起草、周恩来撰写的碑文。

note 知识小笔记

位 置	亚洲
国 家	中国
特 色	肃穆庄严、雄伟壮观，采用巨大的汉白玉浮雕

最高的双子楼——马来西亚双子塔

马来西亚国家石油公司的双子塔是首都吉隆坡最高的建筑物，它那独特的双楼结构和连接两栋高楼的天桥，都成为人们眼中的焦点，就像两座高高的尖塔刺破长空。双子塔是目前世界上最高的双子楼，是马来西亚经济蓬勃发展的象征。

国际竞标

双子塔的设计是经由国际性的竞标，最后决定采用著名的建筑设计师西萨·佩里领导的建筑事务所提出的构想。双子塔分别由日本和韩国建造，并于1998年完工，共88层。

◀ 夜晚的双子塔在吉隆坡就像一个巨大的发光的怪兽，照亮了"整个"马来西亚。

位于双子塔第41层的空中桥梁，也是连接着两座塔之间仅有的通道。

大楼结构

双子塔占地39.5万平方米，包括了办公大楼、公共设施以及会议中心等，总高约452米。大楼中有一所可容纳850个座位的国际会议中心，一个原油探勘信息中心、一座专门收藏石油、石化业及相关产业信息的图书馆，此外还有一所艺术画廊。

令孩子着迷的100个人工奇观

🏛 建筑风格

整栋大楼的格局采用传统伊斯兰教建筑常见的几何造型，包含了四方形和圆形，外立面采用欧洲进口的闪亮的不锈钢。双子塔的设计风格体现了吉隆坡这座城市年轻、中庸、现代化的城市个性，突出了标志性景观设计的独特性理念。

▶ 马来西亚这个发展中国家靠国际化的手段建起了世界上最高的双子塔楼，它增强了该国人民的自信心，马来西亚人喊出了"马来西亚可以"的民族自强心声。

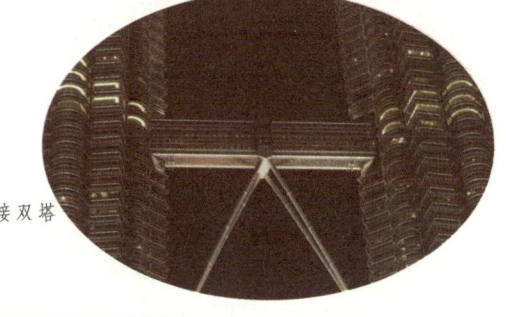

▶ 连接双塔的桥梁

🏛 "天空之桥"

在大楼的41和42楼之间，有"天空之桥"与塔相连，站在这里，可以俯瞰马来西亚最繁华的景象。大楼的底下5层是阳光购物广场，经营高档世界名牌产品。

🏛 公园绿地

在双子塔的另一面，保留了0.2平方千米的公园绿地。绿地中花木多姿，湖水迤逦。湖水的尽头是宽宽的瀑布，瀑布下是儿童戏水乐园。一些家庭在绿茵茵的草地上铺上白布野餐，怡然自得地望着水里的幼童们尽情嬉戏打闹。

📝 知识小笔记

位 置	亚洲
国 家	马来西亚
特 色	独特的伊斯兰风格,世界最高的双子楼

The Sign of City
The Petronas Twin Towers

奢华的天堂——迪拜帆船酒店

以奢侈和豪华著称的帆船酒店，算是世界上最豪华的酒店之一。整座酒店如同一艘洁白的帆船坐落在一个人工填造的小岛，用一座跨海桥连接，让船帆造型的酒店伸入海中。帆船酒店已经成为了当地的重要标志性景观。

地理位置

帆船酒店位于阿拉伯海湾的阿拉伯联合酋长国迪拜市，它是世界上唯一的七星级酒店外形就像一块迎风飘扬的风帆，堪称建筑杰作。

酒店结构

整座酒店高321米，一共有56层，曾是全球最高的酒店。酒店有202套房，都是复式。房间最小的170平方米，每天住宿费为1 500美金。每进入一个房间，都有一个管家会为你解释房内各项高科技设施如何使用。

▶ 美轮美奂的巨型"帆船"

总统套房

总统套房是酒店最大的房间，有780平方米。它设在酒店的第25层，每天住宿费高达2万多美金。其中设有一个电影院、两间卧室、两间起居室和一个餐厅，其出入都有专用电梯，墙上挂的画则全是真迹。

步入酒店内部，就能体会到金碧辉煌的含义。

极尽奢华

蔚蓝与金黄是酒店里最常见的两种颜色。蓝是因为酒店四面临海，且房间都配有落地窗，海景随时随地能映入眼帘。黄是黄金的本色，酒店的柱子、墙壁、电梯全是镀金，甚至连门把、洗手间的水龙头，甚至是一张留言条都镀上了黄金，可谓极尽奢华！

非凡的旅程

酒店还拥有多架直升机和多辆劳斯莱斯轿车专供住店旅客直接往返机场。也可从旅馆28层专设的机场坐直升机，花15分钟空中俯瞰迪拜美景。客人如果想在海鲜餐厅中就餐的话，他们将被潜水艇送到餐厅，这样在他们就餐前可以欣赏到海底奇观。

也许天堂里的生活也就不过如此。住在这里，你也会成为传奇的一部分。

note 知识小笔记

位　置：亚洲
国　家：阿拉伯联合酋长国
特　色：金碧辉煌的真实体现，全世界最豪华的酒店之一

近代功能主义建筑的先驱——伦敦水晶宫

水晶宫是英国19世纪最具代表性的建筑,是英国为第一届世博会而建的展馆建筑。该建筑位于伦敦中心区的海德公园内,大部分为铁结构,外墙和屋面均为玻璃,整个建筑通体透明,宽敞明亮,故被誉为"水晶宫"。

建造历史

19世纪时,英帝国政府为了显示英国工业革命的成果和推动科学技术的进步,当时在位的维多利亚女王和她的丈夫阿尔伯特公爵,决定在伦敦海德公园举办一次国际性博览会,于是,水晶宫诞生了。

▲ 原水晶宫外观

▲ 水晶宫内部,人潮涌动。

建筑规模

水晶宫由英国园艺师约瑟夫·帕克斯顿当时建造的植物园温室和铁路站棚的方式设计,从1850年8月到1851年5月,水晶宫仅仅用了8个月就全部竣工。水晶宫的建筑面积约9.2万平方米,宽约124.4米,长约564米,高33米。

🏰 组装建筑

水晶宫整个建筑用了 3 300 根一样粗细的铁柱，构成一样大小的空间，用了 30 万块一样大小的玻璃，一种木质框架以及铁梁。同等规模的装配构件按一定的数量早就做好了，所以在建筑场地只需要把它们组配到一起。

▲ 1851 年，第一届世界博览会在海德公园举行。

▲ 第一届世界博览会的主要内容是世界文化与工业科技

🏰 老榆树遮盖

宫殿内部没有隔板，它的室内只是一个大厅。建筑师非常珍视海德公园的树木，议会不允许将它们砍掉，于是，两株百年老榆树成了宫殿的遮盖。

▶ 水晶宫内建造的喷泉

🏰 毁于大火

展览会结束后，水晶宫被拆开运到伦敦南部，按照更精致的设计重新组装。它成为一个举行各种演出、展览会、音乐会和其他娱乐活动的场所。1936 年 11 月 30 日晚，水晶宫几乎全部毁于火灾，其残垣断壁一直保留到 1941 年。

note 知识小笔记

位　置	欧洲
国　家	英国
特　色	以钢铁为骨架，玻璃为主要材料的建筑

令孩子着迷的100个人工奇观

巴黎的灵魂——埃菲尔铁塔

No.082

埃菲尔铁塔屹立在巴黎市中心塞纳河畔,是世界上第一座钢铁结构的高塔,和纽约的帝国大厦、东京的电视塔同被誉为西方三大著名建筑。它凝聚着法兰西民族的创新精神,彰显着近代科学技术的威力,更流露出巴黎这座文化之都的无穷魅力。

历史背景

1884年,为了迎接世界博览会在巴黎举行和纪念法国大革命100周年,法国政府决定修建一座永久性纪念建筑。经过反复评选,法国建筑师居斯塔夫·埃菲尔设计的铁塔被选中,所以建成后就以埃菲尔的名字为命名,叫埃菲尔铁塔。

建造过程

1887年1月28日,埃菲尔铁塔正式开工。250名工人冬季每天工作8小时,夏季每天工作13小时,终于在1889年3月31日完工。埃菲尔铁塔的金属制件有1.8万多个,重达10 000吨,施工时共钻孔700万个,使用铆钉250万个。

▲ 正在建设中的巨塔

铁塔结构

埃菲尔铁塔采用交错式结构，由四条与地面成75度角的、粗大的、带有混凝土水泥台基的铁柱支撑着高耸入云的塔身，塔高约324米，相当于100层楼的高度。铁塔共有4层，每层有一个平台。

▲ 1888年7月，埃菲尔铁塔正在建设中。

▲ 一座象征机器文明、在巴黎任何角落都能望见的巨塔。

遭到非议

埃菲尔铁塔的设计方案刚刚出炉时就遭到了许多人的反对，其中包括颇有名望的莫泊桑和小仲马等人。即使在铁塔落成后，批评的声浪也并未停息。直到铁塔在第一次世界大战中在无线电通讯联络方面做出了重大贡献，才使反对呼声逐渐平息。

▲ 埃菲尔铁塔的艺术造型在当时是史无前例的。它用水泥和钢材来建筑四座大拱门底座的技术，是以后出现的钢盘混凝土的先驱。

知识小笔记

位 置：欧洲
国 家：法国
特 色：钢架镂空结构，设计新颖独特

法兰西历史的丰碑——巴黎凯旋门

世界上的许多国家都有凯旋门，而名气最大、价值最高的要算巴黎戴高乐广场上的凯旋门了。它象征着拿破仑的辉煌时代，现在已经成为法国爱国主义的标志。在法国人的心中，凯旋门就是那种无比自豪的民族荣誉。

圆心的位置

在巴黎香榭丽舍大街起点的戴高乐广场上，12条整洁笔直的大道从这里辐射出去，像一个巨大的车轮，成为整个巴黎市的核心，凯旋门正在这个圆心的位置上。

↑法国巴黎的凯旋门是欧洲纪念战争胜利的一种建筑，它来源于古罗马时期，当时统治者以此炫耀自己的功绩。拿破仑也曾经说过："你们将由凯旋门荣归故里！"

建造历史

1805年12月2日，拿破仑在奥斯特利茨战役中大败奥俄联军，翌年2月12日他下令修建凯旋门以炫耀自己的军功。同年8月，按照著名建筑师夏尔格兰的设计开始破土动工。但中间时停时建，断断续续经过了整整30年，才于1836年7月29日举行了落成典礼。

建筑结构

凯旋门高50米、宽45米,厚23米,四面有拱门,门内刻有跟随拿破仑远征的386名将军的名字。另外还有4块记载重大战役的浮雕,其中最负盛名的是面向香榭丽舍大街的《1792年志愿军出发远征》,后来的法国国歌《马赛曲》就是由此产生的。

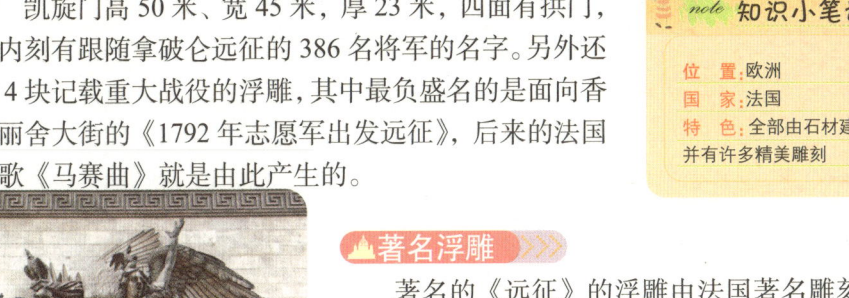

note 知识小笔记

- 位 置:欧洲
- 国 家:法国
- 特 色:全部由石材建成,并有许多精美雕刻

著名浮雕

著名的《远征》的浮雕由法国著名雕刻家弗朗索瓦·吕德设计,他塑造了6个志愿兵和一个寓意的女神。女神凌空飞腾,右手持剑。在女神之下,老军人与小孩处于突出的位置;4名战士剑拔弩张,斗志昂扬。整个画面洋溢着法兰西人民的爱国主义精神和争取自由的思想。

> 每年的7月14日,法国举国欢庆国庆节时,法国总统都要从凯旋门通过;每当法国总统卸职的最后一天也要来此,向无名烈士墓献上一束鲜花。

凯旋门上精致的浮雕

远眺巴黎

凯旋门内设有电梯,可直达拱门顶。人们也可以沿着273级螺旋形石梯拾级而上。凯旋门的顶部有一座小型的历史博物馆,博物馆的顶部是一个平台,人们从这里可以远眺巴黎。

法兰西的瑰宝——蓬皮杜艺术中心

如果说卢浮宫代表着法兰西的古代文明，那么国立蓬皮杜文化中心便是现代化巴黎的象征。它是一座外形奇特的、新型的、现代化的知识、艺术与生活相结合的宝库。人们在这里可以通过现代化的技术和手段，吸收知识、欣赏艺术、丰富生活。

地理位置

蓬皮杜国际艺术中心坐落在巴黎旧市场以东，塞纳河西岸，西巴斯托夫大道的尽头。它由工业创造中心、公共参考图书馆、国家现代艺术博物馆、音乐—声学协调研究所四大部分组成，同时，中心还专门设置了两个儿童乐园。

工业创造中心

在工业创造中心，主要通过各种展览会和图书资料向观众介绍有关市政建设、生活环境及各种工艺产品的发明和创造情况。同时还向观众提供各种日常消费品的资料与咨询。

◀ 蓬皮杜艺术中心的整座大厦看上去犹如一座被五颜六色的管道和钢筋缠绕起来的庞大的化学工厂厂房。

公共参考图书馆

▲ 蓬皮杜艺术中心将所有柱子、楼梯等一律"请"出了室外。

公共参考图书馆拥有当代书籍 30 万卷,期刊 2 400 种,幻灯片 20 万张,微缩胶卷 15 000 个,唱片 1 万张及各种电影、录像、地图、磁带等。馆内设施一律开放,读者可随意翻阅图书资料,选看介绍各国的电影、录像;音乐爱好者还可以欣赏自己挑选的唱片。

音乐—声学协调研究所

为避免噪音干扰,音乐—声学协调研究所修建于大厦旁边的地下,其主要功能是让音乐工作者能够利用现代的设备和技术来从事创造。此外,还可以从事研制新乐器和各种音响设备的工作。

知识小笔记

位　置:欧洲
国　家:法国
特　色:新型的、现代化的文化中心

历史的坐标——德国国会大厦

德国国会大厦是德国统一的象征，它位于柏林市中心，体现了古典式、哥特式、文艺复兴式和巴罗克式的多种建筑风格。现在，国会大厦不仅是联邦议会的所在地，而且也是最受欢迎的游览圣地，其不断更新的历史映射着自19世纪以来德国历史的各个侧面。

建造历史

德国国会大厦建于1884年，由德国建筑师保罗·瓦洛特设计，最初为德意志帝国的议会。1933年2月27日大厦失火，部分建筑被毁。第二次世界大战中，大厦遭到严重毁坏。1961~1971年，大厦按保罗·鲍姆加藤的设计方案重建。

知识小笔记

位　置：欧洲
国　家：德国
特　色：巨大的玻璃穹顶和独特的环保功能

大厦的结构

德国国会大厦的建筑面积为1.15万平方米，只相当于美国国会大厦的1/3。大厦正面宽88米，6根古希腊式的大理石柱子使它显得既威严又气派。它纵深137米，曾拥有22个会议厅和多达200间的办公室；四面各有一个门，主门正对着柯尼斯广场。

▲ 德国国会大厦表达了德国人民在历经风雨后对自由和民族尊严的一种向往之情

柏林城的新标志

1994~1999年,诺曼·弗斯特爵士以大厦最初的规模为蓝本设计,对国会大厦进行了重新修建,建成为一座现代化的议会办公大楼,新建的穹形圆顶供人游览,而且这穹形圆顶已成为柏林城的新标志。

环保的大厦

现在,大厦通过自然采光、通风、联合发电及热回收系统的广泛使用,不仅能耗和运转费用降到了最低,而且还能向邻近建筑物供电。玻璃穹顶不仅有助于采光,而且还可以节省电能和热能。此外,生态技术的使用,还使整个大厦设备的二氧化碳排放量减少了94%。

珍贵的涂鸦

第二次世界大战结束后,胜利的苏联红军在德国国会大厦的石墙上刻下不少留言。后来,人们曾对是否保留这些形形色色的留言进行过一番激烈的争论,最后,德国政府决定保留大部分并拍照作为资料永久保存,这成为了一份珍贵的历史见证。

地下的艺术殿堂——莫斯科地铁

世界上各个国家的大都市一般都有地铁，莫斯科地铁不仅是世界上客流量最多的地铁之一，也是世界上规模最大的地铁之一。莫斯科地铁还一直被公认为世界上最漂亮的地铁，享有"地下的艺术殿堂"的美称。

地铁的历史

1935年5月15日，苏联政府出于军事方面的考虑，正式建设莫斯科地铁，其工程耗时仅3年，一期工程建了两条线，后来又建成3条、4条线，到1943年有5条线通车，20世纪40年代末出现了把各条线穿起来的环线地铁。1962年，世界上最早的行车自动化系统在莫斯科地铁试用。

▲ 1935年，莫斯科地铁修建时的场景。

艰难的工程

在地下施工，难度非常大，许多车站都是深埋地下，最深的狄纳莫车站地段离地面深达40米。修建这样宏大的工程，需要投入巨大的人力、物力和财力，而且还要具有超凡的胆识和魄力。

▲ 莫斯科地铁的每个车站修建得舒展典雅

地铁的现状

如今,莫斯科地铁共有 12 条线路,全长约 300 千米,有 171 个站台,4 000 列地铁列车在地铁线上运行。地铁每天平均开 8 500 多次列车,担负全市客运量的 45%,每天运送的乘客达 700 多万人次。

知识小笔记

位　置:欧洲
国　家:俄罗斯
特　色:规模巨大,装饰华美

▲莫斯科地铁内拥挤的人流

地铁站

莫斯科的每座地铁站都拥有独特的建筑风格。大理石及各种矿石铺满了车站的大厅。精美的大理石艺术雕像、浮雕,典雅的吊灯、玻璃拼花以及站台顶部那些代表着建筑者精湛技艺的马赛克镶嵌画,使车站仿佛成了一座艺术博物馆。

马雅可夫斯基站

马雅可夫斯基站的地面铺砌白色的大理石,边缘用绛紫色镶边,中间一溜儿是猩红色,宛如一条长长的地毯,一直铺设到站台尽头诗人的半身像前。整个站厅雍容华贵,犹如幻想中的境界。

▶仅仅从地铁候车厅内华丽的吊顶,雍容华贵的吊灯,就不难看出其为什么会被人们称作是地下艺术殿堂。

自由和民主的象征——纽约自由女神像

一个多世纪以来,耸立在美国纽约港口自由岛上的自由女神像已成为美利坚民族和美法人民友谊的象征,它目睹了1 700万移民从她身边经过,来到美国寻求新的生活。它永远表达着美国人民争取民主、向往自由的崇高理想。

女神像的历史

自由女神像是法国为纪念美国独立100周年和美国独立战争期间的美法联盟,赠送给美国的珍贵礼物。女神像的钢铁骨架由设计巴黎埃菲尔铁塔的埃菲尔设计,雕像由雕刻家巴托尔迪在巴黎完成。1874年造像工程开工,到1884年完全竣工,前后历时10年。

→在自由女神像基座上镌刻着的十四行诗这样写道:"那劳瘁贫贱的流民;那向往自由呼吸;又被无情抛弃;那拥挤于彼岸悲惨哀吟;那骤雨暴风中翻覆的惊魂,全都给我!我高举灯盏伫立金门!"

长途运送

1884年7月6日,自由女神像正式赠送给美国。1885年6月,整个塑像被分成200多块装箱,用拖轮从法国里昂运到了纽约。1886年10月中旬,75名工人将所有零件组成一处。其正式名称是"自由照耀世界"。

令孩子着迷的 100 个人工奇观

神像的结构

自由女神像是当时世界上最高的纪念性建筑,其高46米,底座高47米,整座铜像以113.4吨钢铁为骨架,27.22吨铜片为外皮,30万只铆钉和100块零件装配固定在支架上,总重量达204.1吨。

气宇轩昂的女神

女神身着罗马古代长袍,右手高擎长达12米的火炬,左手紧抱一部象征《美国独立宣言》的书板,脚上残留着被挣断了的锁链,象征殖民暴政统治已被推翻。

女神双唇紧闭,头戴光芒四射的冠冕。

巴托尔迪由于他的卓越功绩而当选为纽约市荣誉市民和法国荣誉勋团指挥团员。他于1904年10月5日在巴黎逝世,但他所塑造的自由女神像永远表达着人民对自由的热爱和向往。

note 知识小笔记
位　置:北美洲
国　家:美国
特　色:铜质结构,高大庄严

巨大的神像

自由女神像仅食指就有2.5米长,1米宽,指甲则有75厘米厚。内部中空,可搭电梯直达神像头部。而且还有一道通向神像手臂的双向螺旋楼梯,共171级。

令孩子着迷的100个人工奇观

最大的火车站——纽约中央火车站

No.088

纽约作为世界第一大都市，有着鳞次栉比的高楼大厦，而世界最大的火车站——纽约中央火车站，则不同于那些摩天大厦，它犹如一座优雅的艺术馆，为现代化的铁路交通增添了几分历史价值。

建造历史

纽约中央火车站由美国铁路大王范德比尔特建造，车站始建于1903年，1913年开始正式使用。车站落成后，附近的公园大道上如雨后春笋般出现了许多饭店、办公大楼及豪宅，因此这里也成为当时全曼哈顿岛地价最高的地区。

知识小笔记

位　置：北美洲
国　家：美国
特　色：巨大的室内建筑空间

最繁忙的火车站

迄今为止，纽约中央火车站仍然是世界上最大，也是美国最繁忙的火车站，拥有44个站台，有两层铁路在地下，地下一层有41条铁轨，地下二层有26条铁轨，每天到站和离站的列车有500个班次，有50万人进出。

◀ 纽约中央车站，除了揭示新大陆对于普罗大众公共空间的重视，也彰显了火车旅行的黄金年代。

雕像艺术

火车站正面的入口处上方,有一组仿希腊式雕像群组,雕像正中戴羽毛帽的是墨丘利,他是罗马神话中的商业之神,右边为智慧女神密涅瓦的雕像,左边则是海格立斯,代表道德,让人们感受美国繁华之外的道德精神文化。

◀ 精美的雕像艺术

候车大厅

纽约中央火车站的候车大厅是世界上最大的公共建筑空间,大厅的拱顶由法国艺术家黑鲁根据中世纪的一份手稿绘制出黄道12宫图,共有2 500多颗星星,星星的位置由灯光标出,一通电便满目生辉。

四面钟

候车大厅中央问询处顶端的四面钟,在车站大厅内非常醒目,这也可以算是中央火车站最有价值的艺术品了。这座四面钟的盘面都是用猫眼石造的,价值在1 000万~2 000万美元之间。

美国第一高楼——芝加哥西尔斯大厦

No.089

美国芝加哥市的希尔斯大厦在 1974 年落成时曾一度是世界上最高的大楼,在被马来西亚的双塔大厦超过之前,它保持了世界上最高建筑物的纪录 25 年。在芝加哥人的心目中,西尔斯大厦永远是最坚不可摧的人工奇观。

独特的外形

整个大厦的平面随着层数的不断增加而分段收缩,从 51 层以上切去 2 个对角正方形,67 层以上切去另外 2 个对角正方形,91 层以上又切去 3 个正方形,只留下 2 个正方形直到顶部。而从外形上看,活像由 9 个巨大竹筒缚成一捆的模样。

▶ 当钢筋、石块、混凝土以一种全新的方式重新组合起来,它就形成了一组伟大的构造。

大厦的结构

西尔斯大厦 1974 年落成,当时,它以 442 米的高度夺得了世界高楼之冠的称号。整座大厦地上为 110 层,地下 3 层,总建筑面积为 418 000 平方米,其底部是长宽都为 68.7 米的正方形。建造大厦共用钢材 76 000 吨。

大厦的抗风结构

高层建筑建造时,抗风结构非常重要。西尔斯大厦顶部的设计风压为 3 千帕,容许位移为建筑物高度的 1/500,即 90 厘米,大厦建成后在最大风速下的实测位移为 46 厘米。

"西尔斯都市"

在大楼内,6.9 万千米的电话线在楼内蜿蜒游走,足够环绕地球 1.75 圈。每天约 1.65 万人到这里上班。在第 103 层有一个供观光者俯瞰全市用的观望台,它距地面 412 米,天气晴朗时甚至可以看到美国的 4 个州。

▶ 远眺西尔斯大厦

消防系统

西尔斯大厦在各个房间及管道内采用了当时最先进的烟感器、报警器和用电子控制的消防中心消防系统等设施。当有火警发生时,楼内的自动喷水装置会将水自动喷洒于发生险情的地方。

知识小笔记
- 位　置:北美洲
- 国　家:美国
- 特　色:束筒结构体系,不同方向的立面形态各不相同

令孩子着迷的100个人工奇观

美国国防部的代称——五角大楼

美国的五角大楼是世界上最大的行政建筑，它位于华盛顿专区西南边波托马克河畔的阿灵顿县，是美国国防部所在地。从空中俯瞰，这座建筑成正五边形，故名"五角大楼"。该楼于1943年4月15日建成，同年5月启用。

建筑结构

五角大楼占地面积235.9万平方米，大楼高22米，共有5层，总建筑面积61.7万平方米，办公区面积约34.4万平方米，当时造价8 700万美元。大楼南北两侧各有一大型停车场，可同时停放1万辆汽车。

▲ 每天，都有上万名人员在这个世界上最大的军事机关工作。

▲ 鸟瞰美国的军事中心——五角大楼

建造过程

五角大楼所在地的地质条件很差，原为河边无人居住的大片沼泽。为此，建筑工人打下了41 492根水泥柱，并就地取材，从附近的波拖马可河中挖来68万吨砂石，制成30万立方米的钢筋混凝土建筑材料。五角大楼的设计为战争年代节约了建造一座战舰的钢材。

国家军事指挥中心

五角大楼的神经中枢是国家军事指挥中心,在这里,只要一名官员按下按钮,就能和位于世界各地任何一个基地连线,而且还可以随时和美国总统和国防部长保持联系。

→在2001年的"9·11"恐怖袭击中,五角大楼内184名工作人员遇难。大楼内设有一间简单的纪念堂,里面放置着镶有死难者姓名的纪念碑。

大楼内部

五角大楼一层大厅内有银行、邮局、书店、诊疗所、电报局以及各种商店。素有"国防部灵魂"之称的参谋长联席会议在二楼,这一层铺有金色地毯,人称"金厅"。防长办公室和陆军部在三楼。

↑马歇尔

↑麦克阿瑟

↑艾森豪威尔

◁三楼有马歇尔、艾森豪威尔和麦克阿瑟三个五星上将的"纪念走廊",陈列着他们各时期的照片、军装、勋章、手枪以及他们所签署的命令、文物等。

"英雄厅"

三楼走廊的一角有一个"英雄厅",是为纪念独立战争以来的"最高荣誉勋章"获得者而设的。这里挂着3 000多块铜牌,上面镌刻着他们的姓名、籍贯和简历。

知识小笔记

位 置:北美洲
国 家:美国
特 色:建筑面积庞大,可容纳上万人办公

令孩子着迷的100个人工奇观

山林中的建筑经典——赖特流水别墅

深远的山林中,飞鸣的泉瀑上,一座浑厚质朴的房子,简直就是梦想中的天堂,任何人只要置身于此,都会被他那非凡的设计所征服,这就是美国著名建筑大师的经典之作——流水别墅。

🏛 地理位置

　　流水别墅是房主人考夫曼的度假别墅,由美国建筑设计大师赖特设计,1936年落成于美国宾西法尼亚州匹兹堡市附近的一片风景优美的山林之中,整个别墅凌空建于溪流和小瀑布之上。

◆ 流水别墅以二层的起居室为中心,其余房间向左右铺展开来,别墅外形强调块体组合,使整座建筑带有明显的雕塑感。

◆ 弗兰克·劳埃德·赖特是20世纪美国的一位最重要的建筑师。

🏛 "隐藏"的大门

　　别墅的大门是一个极其平实狭窄的入口,在两片石墙之间,如果不注意,你很可能就沿着山路走过了。别墅所使用的材料也非常具有象征性,所有的支柱,都是粗犷的岩石。

令孩子着迷的100个人工奇观

别墅的外观

从流水别墅的外观，我们可以看到那些水平伸展的地坪、小桥、便道、车道、阳台及棚架，它们沿着各自的延伸方向，越过山谷而向周围凸出。巨大的露台扭转回旋，恰似瀑布水流曲折迂回地自每一平展的岩石突然下落一样。

内部结构

别墅主要的一层几乎是一个完整的大房间，并且有楼梯与下面的水池相连。起居室由4根支柱所支撑，中心部分是以略高的天花板和中央照明来突出其空间领域。

大自然的烙印

赖特的父亲是牧师，一家人过着游牧的生活。赖特在11~19岁间，每年都到他叔叔的农场里去度过夏天，正是在这样的成长环境中，他的脑海被深深打上了大自然的烙印。他经常对他的学生说："你们应当了解自然，热爱自然，亲近自然，它永远不会亏待你的。"

知识小笔记

位　置：北美洲
国　家：美国
特　色：与大自然合二为一

The Sign of City　Fallingwater

令孩子着迷的100个人工奇观

纽约永久的标志——帝国大厦

在纽约的曼哈顿岛上有数千座摩天大楼，但是在这庞大建筑群中，最醒目的还是帝国大厦。虽然时光逝去，往昔的王者今日辉煌不再，但那份曾经的光芒依然闪耀天际。帝国大厦在美国历经劫难之后，重新出现在人们的视线里，成为一种难以摧毁的精神象征。

建造历史

帝国大厦建造于20世纪30年代美国经济的大萧条时期。当时，百万富翁拉斯科布为了显示自己的富有，决意修建一座世界最高的大楼。著名的建筑师威廉·拉姆负责此工程，这座摩天大楼只用了410天就建成，也可算是建筑史上的奇迹。

▲ 帝国大厦的建造涉及了3 400多名工人，他们大多是来自欧洲的移民。上图为一名工人正在施工。

最高的建筑

1931年5月1日，帝国大厦正式建成。大厦共102层，高381米，加上后来修建的电视塔共高448.7米，成为当时世界上最高的建筑。天气晴朗时，游客可以从102层观景台和86层观景台外步行道眺望五个州。

🏛 巨大的建筑

根据估算，建造帝国大厦的材料约有 330 000 吨。大厦总共拥有 6 500 个窗户、73 部电梯，从底层步行至顶层须经过 1 860 级台阶，总建筑面积为 204 385 平方米。

▸ 帝国大厦内的电梯

🏛 声名显赫的大厦

由于帝国大厦声名显赫，所以许多金融、旅游、保险等行业的大公司，都在这里租用办公室。而且，帝国大厦的顶层一直是许多电影取景的地方，自大厦建成后，共有 90 多部电影选择这里作为取景点，其中包括《金刚》和《西雅图不眠夜》等经典电影。

▸ 帝国大厦是一栋超高层的现代化办公大楼，它和自由女神像一起被称为纽约的标志。

知识小笔记

位　置：北美洲
国　家：美国
特　色：建造时间短，墙壁装饰采用不同颜色的大理石

🏛 "幸福大厦"

自 1994 年以来，帝国大厦已成为青年人到顶层举行婚礼和纽约人庆祝情人节的传统场所。在这里举行过婚礼的人，就能成为帝国大厦俱乐部的成员，每年情人节都可以免费重返帝国大厦。

令孩子着迷的 100 个人工奇观

巧夺天工的艺术殿堂——悉尼歌剧院

悉尼歌剧院不仅是悉尼艺术文化的殿堂,更是悉尼的灵魂和澳大利亚人的骄傲。它矗立在悉尼港湾的贝尼朗岬角,地处三面环海的开阔地带。大自然的恩赐与人工的匠心和谐地在这里珠联璧合,交相辉映,构成了一幅美丽无比的图景。

来自橘子瓣的灵感

1956年,丹麦37岁的年轻建筑设计师约翰·乌特松看到了澳洲政府向海外征集悉尼歌剧院设计方案的广告。他凭着从小生活在海滨渔村的生活积累所迸发的灵感,完成了这项设计方案。按乌特松后来的解释,他的设计理念来自剥开的橘子瓣。

▲ 在悉尼湾众多的建筑中,悉尼歌剧院很容易辨认。

建造历史

1959年,歌剧院正式破土动工,直到1973年,经过15年的艰难曲折,悉尼歌剧院终于在几度搁浅后,正式竣工。工程的总花费是设计预算的15倍。英国女皇伊丽莎白二世曾亲自为歌剧院落成剪彩揭幕。

知识小笔记

位 置	大洋洲
国 家	澳大利亚
特 色	外形独特,充满传奇色彩

建筑结构

悉尼歌剧院的外观为三组巨大的"贝壳",耸立在南北长 186 米、东西最宽处为 97 米的现浇钢筋混凝土结构的基座上。整个建筑群的入口在南端,有宽 97 米的大台阶。车辆入口和停车场设在大台阶下面。

悉尼歌剧院的音乐厅和大风琴

悉尼歌剧院用来支撑"贝壳"的"肋骨"

三组"贝壳"

第一组贝壳在地段西侧,成串排列,三对朝北,一对朝南,内部是音乐厅。第二组在地段东侧,与第一组大致平行,形式相同而规模略小,内部是歌剧厅。第三组在它们的西南方,规模最小,由两对贝壳组成,里面是贝尼朗餐厅。

巨大的规模

音乐厅是悉尼歌剧院最大的厅堂,共可容纳 2 679 名观众,通常用于举办交响乐、歌剧、舞蹈、流行乐、爵士乐等多种表演。此外,剧院还有图书馆、展览馆、演员食堂、咖啡馆、酒吧间、5 个排列厅、65 个化妆室等大小厅室 900 多间。

令孩子着迷的100个人工奇观

令孩子着迷的100个人工奇观

科技硕果

在近代科学技术的推波助澜下，人类的文明成果日益丰硕起来，从深入海底的英吉利海峡隧道到身处太空轨道飞行的"哈勃"太空望远镜，从微观世界中脱颖而出的原子球博物馆到宏观世界中诞生的伊泰普水电站……人类的智慧创造出一个个惊世骇俗的奇观。

20世纪伟大的工程——英吉利海峡隧道

英吉利海峡将英国与欧洲大陆隔离开来，多佛尔海峡是其最窄的水域。英吉利海峡隧道是贯穿多佛海峡的铁路隧道，它又称欧洲隧道、英法海底隧道等。该隧道西起英国的福克斯通，东到法国的加来，是20世纪最著名的一项工程，堪与巴拿马运河和苏伊士运河等伟大工程相提并论。

修建历史

1986年2月，英法两国正式签订了隧道计划协议，1987年9月开始施工，1990年12月辅助隧道贯通，1992年行车隧道完成施工，开始设备安装。1993年6月20日，"欧洲之星"号列车试通车。1994年5月6日，英吉利海峡隧道正式通车。

隧道组成

海峡隧道全长50.5千米，海底部分长37.9千米。隧道有两条直径为7.6米的平行行车隧道，中间是一条直径为4.8米的辅助隧道。两条行车隧道间相距30米，辅助隧道平卧中间。它们之间每隔375米有一横向通道，用于隧道维修和在发生事故时紧急疏散乘客。

英吉利海峡隧道是世界上最著名海底的隧道之一

令孩子着迷的100个人工奇观

隧道结构

从外观看,整个海底隧道呈平坦的"W"型,大部分隧道位于不透水的白垩岩的石灰泥岩中,海底段覆盖层平均厚度为40米,离海平面约100米。

✦ 西方传媒和学术著作都称英吉利海峡隧道为人类工程史上的一个伟业

知识小笔记
位　　置：欧洲
国　　家：英国与法国之间
特　　色：跨越海洋,规模宏大

比飞机还快

隧道的开通大大方便了欧洲各大城市之间的往来。"欧洲之星"列车车速达每小时300千米,平均旅行时间,在伦敦与巴黎之间为3个小时,在伦敦和布鲁塞尔之间为3小时10分。如果把从市区到机场的时间计算在内,乘飞机还不如乘"欧洲之星"快。

最安全的通道

隧道内安装了大量先进的安全装置,仅用于隧道运营管理的控制和信息交流系统就有3套。此外,还备有自动灭火装置、防震系统、防弹墙,测定温度、烟尘和一氧化碳含量的监测器等,甚至设置了动物捕捉器,以对付因迷路而闯入隧道的动物。

✦ 英吉利海峡隧道为欧洲交通史写下了重要的一笔

跨越时空的建筑——原子球博物馆

原子球博物馆是特殊年代下,人们向往世界和平的象征。如今,它屹立在比利时首都布鲁塞尔市的海赛尔公园内。虽然几十年的风雨黯淡了它金属的光泽,但原子球建筑仍给人以一种力量、一种精神。

建造历史

原子球博物馆是为布鲁塞尔万国博览会而设计建造的,它落成于1958年。博览会结束后,展品被拆除,这座独特的建筑却被作为博物馆而保留了下来。如今,它已成为布鲁塞尔市三大旅游景点之一。

▶ 原子球博物馆被世人称为比利时的埃菲尔铁塔

独特的外形

这座高达102米的银色金属建筑,散发着迷人的气息。9个直径18米高的圆形球体凌空高悬,被粗大的钢管连接成铁原子晶体放大1 650亿倍的样子。

令孩子着迷的100个人工奇观

🏛 大师的寓意

比利时著名的建筑大师瓦特凯恩之所以会设计出这样一个新奇的方案，一是寓意人们对发展原子能美好前景的一种展望；另一个意思据说是当时的欧共体共有9个会员国，比利时又刚好有9个省，这样，博物馆的整个造型正好成为比利时和欧共体的象征。

▸原子球博物馆外部用铝包裹，从布鲁塞尔很远处就能看见这座神奇的建筑。它仿佛神话中神仙们居住的宫殿，给人留下了神秘的色彩。

note 知识小笔记

位　置	欧洲
国　家	比利时
特　色	造型独具匠心，规模宏大

🏛 建筑结构

原子球的9个圆球体大小相等，直径18米，球体内有240平方米的展厅、放映厅和美食厅，四周均有窗口，空气十分清新。每个球体由直径3米、长23米的管道相连，管道内有电梯接送，其中中心球与地面有观光电梯。

🏛 观赏风景

原子球中间有一部当时欧洲最高速的电梯，仅23秒便可把22人送到92米的顶层圆球。顶层圆球专供游客观赏风景，四周有6面有机玻璃的大窗，并设有多架望远镜，250人可以同时从高处鸟瞰布鲁塞尔市的优美景色。

▸原子球博物馆巍然屹立在天地之间，给人一种超越时空的感觉。

The Atomium

The Achievement of Science and Technology

重现"宇宙大爆炸"——大型强子对撞机

大型强子对撞机是欧洲原子核研究组织的粒子加速器,它自修建以来备受瞩目。2008年9月10日开始试运转,并且成功地维持了两质子束在轨道中运行,成为世界上最大、能量最高的粒子加速器。

粒子加速器

粒子加速器是用人工方法产生高速带电粒子的装置。是探索原子核和粒子的性质、内部结构和相互作用的重要工具,在工农业生产、医疗卫生、科学技术等方面也都有重要而广泛的实际应用。

大型强子对撞机建于瑞士和法国边境地区地下100米深处的环形隧道中,隧道全长27千米。

知识小笔记
- 位 置:欧洲
- 国 家:英法等约80个国家
- 特 色:国际高能物理学研究,揭示宇宙起源

用途

大型强子对撞机将两束质子分别加速到极高能量状态,并使之对撞,就可以重现宇宙诞生时发生的一幕。粒子物理学家可以利用质子碰撞后的产物探索物理现象。

纽约街头的"怪兽"——纽约古根海姆博物馆

纽约古根海姆博物馆是美国20世纪最著名的建筑师赖特晚年的杰作。作为世界上最著名的西方现代美术博物馆之一,其收藏的基本上是印象派以后各名家的作品,尤其是抽象艺术品的收藏更是居于世界各博物馆之首。

建筑历史

古根海姆博物馆 1947 年进行设计,1959 年建成后,一直被认为是现代建筑艺术的精品,以至于近 40 年来,博物馆中的任何展品都无法与之媲美。

古根海姆博物馆内部的曲线和斜坡一直通到 6 层。陈列大厅是一个倒立的螺旋形空间,高约 30 米,大厅顶部是一个花瓣形的玻璃顶,用来采光。

note 知识小笔记

位　置	北美洲
国　家	美国
特　色	奇特的外观,陈列品被悬挂着

建筑风格

古根海姆博物馆的外观简洁,为螺旋形混凝土结构,这与传统博物馆的建筑风格迥然不同。1969 年又增加了一座长方形的 3 层辅助性建筑。1990 年,古根海姆博物馆再次增建了一个矩形的附属建筑,形成今天的样子。

举世闻名的"世界工程"——伊泰普水电站

自古以来,人类就不断地改造自然、利用自然,使其能更好地为人类服务。在这些伟大的改造工程中,位于南美大陆的伊泰普水电站无疑是一颗闪耀的新星。如今,坐落在巴西与巴拉圭边境巴拉那河上的伊泰普水电站已经成为世界著名的旅游景点。

建造历史

伊泰普水电站是巴西和巴拉圭两国于1966年开始计划、1974年正式修建,并于1991年竣工。全部工程共耗资183亿美元,其中绝大部分由巴西投资。

▲ 伊泰普水电站修建时的情景

巨大的发电量

在三峡水电站建成以前,伊泰普水电站一直是世界上最大的水电站,目前共有20台发电机组(每台70万千瓦),总装机容量1 400万千瓦,年发电量900亿度,其中2008年的发电量为946.8亿度。

▲ 巴拉那河发源于巴西东南部,流经3 000千米,在阿根廷汇入拉普拉塔河后注入大西洋。

平均分配

水电站的发电机组和发电量由巴西和巴拉圭两国平均分配,其中2%的发电量即可供应巴拉圭的用电需求,巴拉圭分得的其他48%电量则全部转卖给巴西。巴西全国30%以上的电力消耗都由伊泰普水电站来承担。

▲ 在三峡水电站建成以前,伊泰普水电站是世界上最大的水电站。

note 知识小笔记
- **位　置**：南美洲
- **国　家**：巴西与巴拉圭
- **特　色**：两国联合建设,发电量大,周围自然环境优美

优美的风景

水电站的大坝长7 744米,高196米,横跨在巴拉那河上,使1 350平方千米的广阔地域成为一片汪洋。水库的周围还建有7个人工沙滩,如同海边的景致。而大坝西侧溢洪道泄洪时形成流量每秒4.6万立方米的人工瀑布,比自然的大瀑布群更有力量,也更具规模。

经济产业的发展

伊泰普水电站的建成也改变了当地的自然景观,河道上游的风景点七星瀑布被淹没在水下,下游的鱼产量减少,但新形成的巨大人工湖可发展旅游业并养鱼。整个库区年产鱼可达40万吨。库区还建有6个生态保护区,总面积为92平方千米。

探索宇宙的功臣——"哈勃"太空望远镜

以天文学家哈勃命名的"哈勃"太空望远镜,不仅是第一个被送上太空的望远镜,而且也是迄今为止最著名的太空望远镜。"哈勃"的出现是天文学发展道路上的一个里程碑,它使人类更清楚地了解宇宙深处的秘密。

"哈勃"简介

1990年4月,美国航空航天局的"发现"号航天飞机将"哈勃"望远镜送入太空,从此,它就在离地球表面590千米高空的轨道上运行。"哈勃"望远镜的重量有11.6吨,光学透镜直径达2.4米,观测能力非常强大,相当于可以从华盛顿看到远在悉尼的一只发光的萤火虫。

知识小笔记

位 置:太空轨道
国 家:美国
特 色:弥补地面观测的不足之处

"哈勃"的优势

宇宙中的天体辐射到地球的光线会被地球的大气层阻挡或折射,使望远镜接收到的天体影像模糊不清,而"哈勃"望远镜处在没有大气影响的太空轨道上,因此它拍摄的星空图片的质量要比地面上的大型望远镜拍摄的图片好得多。

20多年来,"哈勃"太空望远镜一直在为我们探索宇宙的起源之谜,它被称为是人类所进行的最具科学意义的太空项目。

工作的秘密

在太空里,"哈勃"太空望远镜的使用受到很多限制,它不能使用常规电源、旋转座架及用光缆线来连接监控计算机,而要使用提供能量的太阳能电池板——用来调整方向的反应轮及与地球交流的无线电天线。

◆ 哈勃太空望远镜填补了地面观测的不足,使人们对宇宙有了更多的认识。

硕果累累

"哈勃"太空望远镜服役的近 20 年来,对太空中的 2.5 万个天体拍摄了 50 多万张照片。科学家根据它的观测结果,撰写了 7 000 多篇科学论文,这使"哈勃"太空望远镜成为人类制造的最高产的科学仪器之一。

不断地维修

现在,"哈勃"太空望远镜已到"晚年"。它在太空工作的十几年中,经历了 5 次大修,分别为 1993 年、1997 年、1999 年、2001 年和 2009 年。经过 2009 年的维护,"哈勃"望太空远镜有望工作至 2014 年。

人类航天史上的丰碑——"和平"号空间站

"和平"号空间站是俄罗斯的第3代空间站,也是世界上第一个长久性空间站,虽然它历经多次磨难,并最终坠毁,但它在人类探索宇宙上发挥了不可估量的作用,在人类航天史上书写了史无前例的辉煌篇章。

"和平"号简介

"和平"号空间站的设计工作始于1976年,第一个太空舱于1986年2月19日发射升空。空间站由工作舱、过渡舱和服务舱组成,整体形状看上去就像一束绽开的花朵。"和平"号的设计工作寿命为3~5年,然而到坠毁之日,它在太空中已飞翔了15年。

➤ "和平"号空间站是世界上第一个采用多模块积木式构型的长久性空间站。它使过去的"一居室"变成所需的"多居室",扩展了航天员的活动空间。

空间站的结构

"和平"号空间站全长32.9米,重约124.3吨,其中科研仪器重约11.5吨。它在高151~215千米的轨道上运转,约90分钟环绕地球一周。空间站有6个对接口,其中两个主要对接口位于轴线的两端,用来对接载人和货运飞船。

知识小笔记

位　置:太空轨道
国　家:俄罗斯
特　色:长久性空间站

辉煌生涯

15年来，共有俄罗斯、美国、英国等12个国家的135名宇航员在空间站上工作。他们进行了16 500个科学实验，研制产生了600项日后可供工业应用的新技术。宇航员们还拍摄了许多恒星、行星的照片，进行了宇宙射线的探测，大大扩展了人类对宇宙的认识。

▲ 美国宇航员布鲁斯·麦克坎德雷斯离开"和平"号空间站，正在使用机动载人装置进行太空行走。

不断发生故障

由于超期服役，"和平"号空间站15年来共发生了近2 000处故障，由于维修耗资巨大，俄罗斯政府无能为力，所以，俄罗斯航天业的科学家和有关部门一致赞成坠毁"和平"号。

▲ "和平"号空间站为人类探索生命、宇宙和科学之谜提供了独一无二的场所，为世界科学事业作出了巨大贡献。

完成使命

2001年3月23日，在世人关注的目光中，"和平"号空间彻底完成了它的使命，其残骸最后全部溅落在了新西兰和智利之间的太平洋预定海域，"和平"号的归途共耗时约6小时。虽然"和平"号已经永别，但人类探索太空的步伐不会停止。

图书在版编目（CIP）数据

令孩子着迷的100个人工奇观/田战省主编.—西安：
陕西科学技术出版社，2009.11（2022.1重印）
（全景百科·学生版）
ISBN 978-7-5369-4740-5

Ⅰ.令… Ⅱ.田… Ⅲ.名胜古迹—世界—青少年读物
Ⅳ.K917-49

中国版本图书馆CIP数据核字（2009）第242937号

全景百科·学生版
LING HAIZI ZHAOMI DE YIBAIGE RENGONG QIGUAN
令孩子着迷的100个人工奇观

出 版 人　崔　斌
责任编辑　赵文欣
封面设计　李亚兵

出版者　陕西新华出版传媒集团　陕西科学技术出版社
　　　　西安市曲江新区登高路1388号陕西新华出版传媒产业大厦B座
　　　　电话（029）81205187　传真（029）81205155　邮编710061
　　　　http://www.snstp.com
发行者　陕西新华出版传媒集团　陕西科学技术出版社
　　　　电话（029）81205191　81205192
印　刷　三河市燕春印务有限公司
规　格　720 mm×1000 mm　1/20
印　张　11
字　数　183千字
版　次　2009年11月第1版
印　次　2022年1月第3次印刷
书　号　ISBN 978-7-5369-4740-5
定　价　49.80元

版权所有　翻印必究